MAKE JUST
ONE
CHANGE

たった一つを変えるだけ

クラスも教師も自立する「質問づくり」

ダン・ロススタイン、ルース・サンタナ
吉田新一郎 訳

新評論

訳者まえがき

本書を読まれるにあたって、訳者として、以下の四つのことをお伝えします。

第一に、本書は私自身の「質問」や「問いかけ」への長年にわたるこだわりの産物だと言えます。それゆえ邦訳したわけですが、その出発点は、『ワールド・スタディーズ』（サイモン・フィッシャー&デイヴィッド・ヒックス／国際理解教育センター編訳、同センター直売、一九九一年）という本に出合った一九八六年にさかのぼります。

そのなかには次のように書かれていました。

> 教育の鍵は、知識よりむしろ「問いかけること」です。（中略）ワールド・スタディーズが目指すのは、学びかたを学ぶ力、問題を解決する力、自分の価値観を自覚する力、自分で選択できる力です。これは、ひとえに「問いかけ」に、単に質問するだけでなく、子どもたちが自分で疑問点を洗いだし、答を見つけていけるようにすることにかかっています。「問

──いかけ」は、情報が目まぐるしく移り変わる今日の世界では、私たち教師が子どもたちに提供できる最良のものと言えましょう。（前掲書、一五ページ）

現在でも、ここに書かれてある大切さは薄れていないと思いますし、そのまま本書に流れている考え方でもあると思います。『ワールド・スタディーズ』を読んでからというもの、研修会などで一方的に知識を伝える従来型の講義が私にはできなくなってしまいました。代わりに、「問いかけ」を中心に据えた方法に転換したのです。そして、その後も、『「考える力」はこうしてつける』や『「読む力」はこうしてつける』（ともに新評論刊）のなかで、質問の章を設けるという形で「問いかけ」にこだわり続けてきました。

ここ一〇年ぐらいは、「質問」「質問力」「質問する力」「問いかけ」などをキーワードにした本が日本でもたくさん出版されていますが、私の興味を満たしてくれたものに出合うことはありませんでした。それらの本を含めて、教育書やビジネス書の特徴として、日本人が書いた本には「よい質問」が決定的に欠落しています。たぶん、正解思考が強いからでしょう。(1)

よい質問が（それもたくさん！）本のなかで提示されていないということは、当然、よい内容にならず、よい思考も促さないことを意味します。それに対して、英語で読む教育書やビジネス書はよい質問のオンパレードになっています。たとえば、最近私が訳した『理解するってどういうこと？』（オリバー・キーン、新曜社、二〇一四年）は、よい質問が大量にあり、質問の索引をつくらなかったことを後悔したぐらいです。従来のキーワードの索引よりも価値があるぐらいでした。

こんな物足りなさを感じて、自分で書くしかないか……と思いはじめたときに出合ったのが本書なのです。これまでは、指導者がいかによい質問を投げかけるかが大切だと思っていたのですが（それがよいファシリテーターの条件であり、教育の世界ではそれを「発問」と言います）、頭をガツーンとハンマーで叩かれたような気がしました。なんと、この本では、教師や指導者は質問をしてはいけないのです。

二番目のポイントは、本書で紹介されている「質問づくりの方法（Question Formulation Technique）（以下「質問づくり」）が、そもそも市民活動から誕生したものであり、その使い道は、学校の授業だけでなく企業を含めてあらゆる組織のあらゆる場面に広がっていることです。

質問づくりが生まれた経緯については「はじめに」で詳しく書かれていますが、著者二人も、

(1)　もう一つの特徴は、関連する人や本に出合わせてくれないことである。これは、本を読む楽しみのかなりの部分を最初から奪い取っていることを意味する。

よい質問を保護者たちに教えることからスタートしているので説得力があります。そして、指導者ないし教師がよい質問をしているかぎりは、対象者はよい質問ができるようには決してならないことに気が付いたのです。一八〇度の発想の転換を迫られたことが、質問づくりと本書が二〇年の歳月をかけて開発されたきっかけになっています。

著者たちが当初対象にしていた保護者たち、その後は生徒たちがよい質問をたくさんつくり出し、そのなかから価値ある質問を選べるようにしてあげないかぎりは、学びも、組織との関係を築くことも、社会の仕組みをうまく活用することもできないのです。本書の「おわりに」には、質問づくりこそが民主的な市民社会をつくり出すのに欠かせないスキルであると書かれています。

三番目は、質問づくりを通して身につくスキルの幅広さについてです。本書では、第1章を中心に、①たくさんのアイディアを考え出し、幅広く創造的に考えられる「発散思考」、②答えや結論に向けて情報やアイディアを分析したり、統合したりする「収束思考」、そして、③自分が考えたことや学んだことについて振り返る「メタ認知思考」を繰り返し練習することで多種多様な知識、能力、学力などが身につく、と強調されています。

もう一つ忘れてならないのは優先順位を決める能力です。それは、たくさんの選択肢を考えたうえで「大切なものを選ぶ（逆に言えば、大切でないものは切り捨てる）力」のことで、本来の意味での「クリティカル・シンキング」や「意思決定力」とも言えます。また、単に考えたり、判断したりするだけでなく、「実行力」までもたらしてくれます。

このように、本書のなかで強調されている三つの思考力と優先順位を決める能力以外に、質問づくりを通して私が身につけられると思うスキルを紹介しておきましょう。

❶「二一世紀スキル」ということで脚光を浴びている「情報・メディアリテラシー、コミュニケーション力」、「分析力、問題発見・解決力、創造力」、「協働力、自己規律力、責任感・協調性、社会的責任」。

❷イノベーター（クリエイティブな問題解決ができる人）がもっているとされる「よい質問をする癖」、もっと深く理解したいという欲求に代表される「好奇心」、自分とは異なる見解や専門知識をもつ人の話に耳を傾け、他人から学ぶことができる「コラボレーション能力」や「統合的思考」、そして「行動志向と実験志向」（『未来のイノベーターはどう育つか』トニー・ワグナー／藤原朝子訳、英治出版、二〇一四年、二六ページ参照）。

❸経済産業省が発表している「社会人基礎力」に含まれる力（内容的には、文部科学省が「キャリア教育」として提示しているものとさほど変わりありません）。それは、「前に踏み出す力――主体性、働きかけ力、実行力」、「考え抜く力――課題発見力、計画力、創造力」、「チームで働く力――発信力、傾聴力、柔軟性、状況把握力、規律性、ストレスコントロール力」。

これらをすべてを身につけられるのが「質問づくり」なのです。そしてさらには、二〇年ぐらい前からＩＱよりも大切だと言われ出したＥＱ（こころの知能指数）や、ライフスキルとして挙げられている項目のほぼすべても質問づくりをすることで身につけられます。[2]

したがって、質問づくりを現在行っている教科指導や生徒指導に導入さえすれば、「二一世紀スキル」「イノベーターに求められるスキル」「社会人基礎力」「ＥＱやライフスキル」などのために特別の活動をする必要がないのです。

四番目のポイントは、質問づくりがとても簡単で、その効果は絶大であるということです（第1章から第10章にかけて詳しく書かれています）。日本で典型的に行われている授業を図式化すると、**図1**のようになると思います。それに対して、誰もが求めている授業は**図2**だと思います。

この二つの図に書かれている「授業」を「仕事」や「プロジェクト」などに置き換えると、すべての組織や社会活動に応用できることがお分かりだと思います。自分が成長していると実感させてくれる組織は、そう多くはないでしょう。もちろん、質問づくりだけがこの転換を実現してくれる唯一の方法ではありませんが、少なくとも、極めて容易に、確実に転換させてくれます。何といっても各人が主役ですから、自らがハードルを上げることで、さらなる高見に行くことも可能となります。

図１　生徒たちが退屈する授業

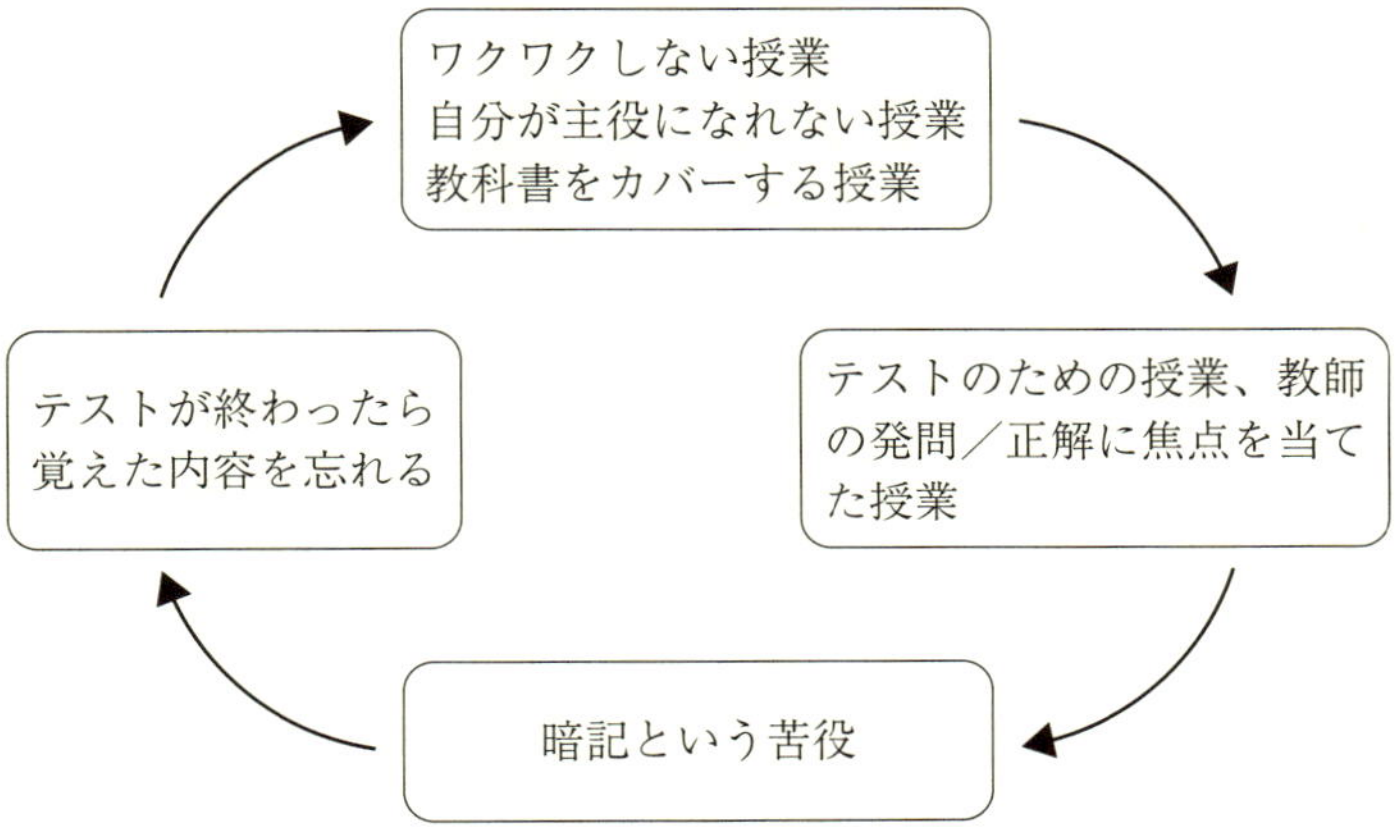
ワクワクしない授業
自分が主役になれない授業
教科書をカバーする授業
テストのための授業、教師の発問／正解に焦点を当てた授業
暗記という苦役
テストが終わったら覚えた内容を忘れる

図２　生徒たちが輝く授業

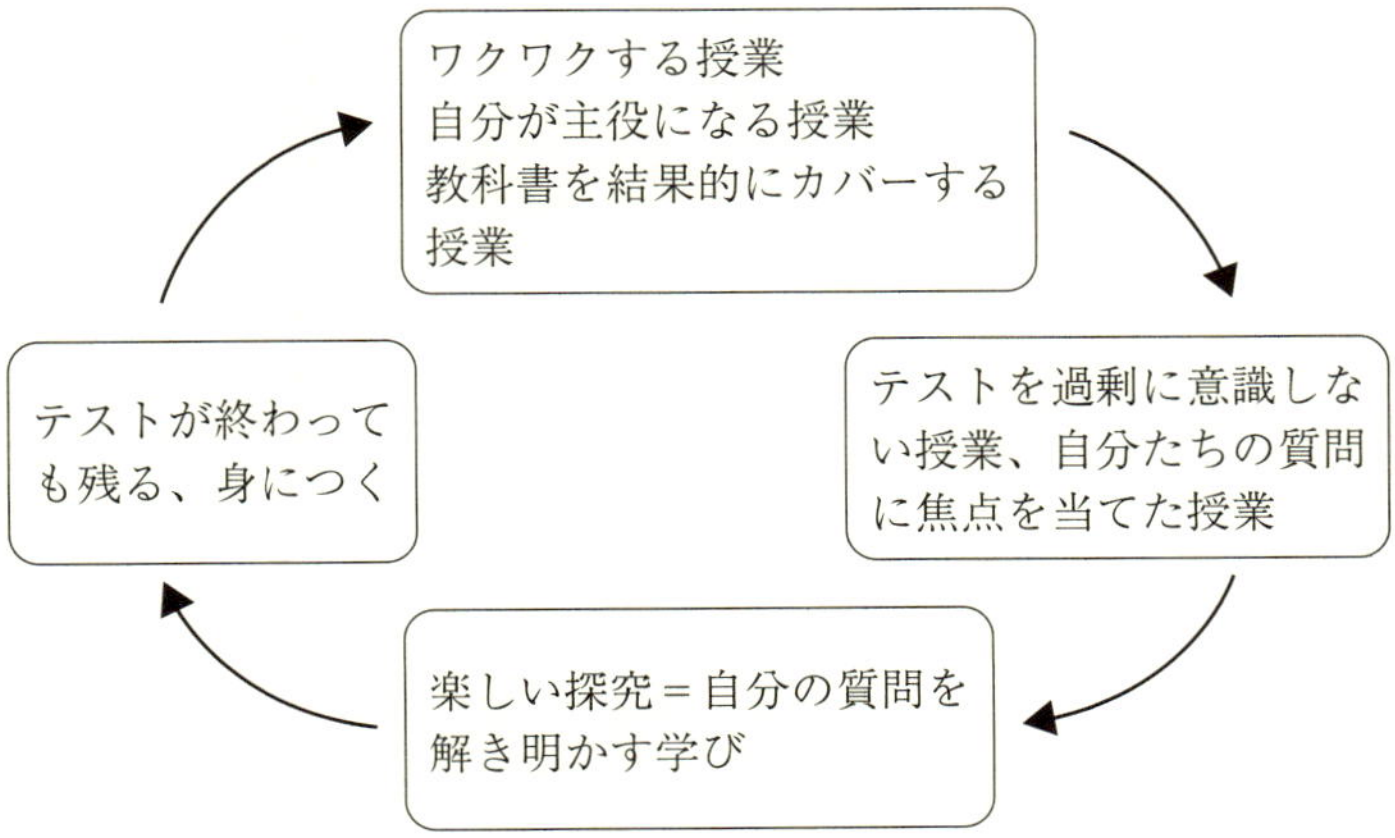
ワクワクする授業
自分が主役になる授業
教科書を結果的にカバーする授業
テストを過剰に意識しない授業、自分たちの質問に焦点を当てた授業
楽しい探究＝自分の質問を解き明かす学び
テストが終わっても残る、身につく

質問づくりの手順は、二〇年以上にわたる試行錯誤の末、簡素化されて以下の七つの段階で構成されています。

❶「質問の焦点」は、質問づくりの鍵となる、生徒たちが質問を考え出す起点となる言葉や文章などのことで、教師によって事前に設定されます。

❷質問をつくる際の単純な四つのルールが提示され、生徒たちはそれらについて話し合います。

❸生徒たちは、ルールを意識しながら短い時間でできるだけたくさんの質問を考え出します。

❹生徒たちは、「はい」か「いいえ」で答えられる「閉じた質問」と、自由に考えを述べられる「開いた質問」の違いを理解したうえで、それらを相互に書き換える練習をします。そうすることで、この二つの異なるタイプの質問を、目的に応じて使いこなせるようになります。

❺生徒たちは、優先順位の高い質問を一つ～三つ選択します。ここが、質問づくりのハイライトと言えるかもしれません。

❻優先順位の高い質問を使って、教師と生徒たちは次にすることを計画します。

❼ここまで行ってきたことを、生徒たちが振り返ります。「学んだことは何か？」「どのようにして学んだか？」「学んだことをどのように応用できそうか？」などについてです。

この七つの段階を数回繰り返すと、教師に言われなくても、生徒たちは自ら進んで取り組むようになります。そして、最後に振り返ることで、教師が押し付けたり、教訓めかしいことを一切言うことなしに、その楽しさと価値を味わい、その有効性や応用性に気付けます。ぜひ、子どもたち（大人たちもです！）一人ひとりが輝けるこの方法を使っていただき、その成果を訳者（e-mail = pro.workshop@gmail.com）に教えていただければ幸いです。疑問や質問も、もちろん大歓迎です。

最後になりましたが、粗訳の段階で原稿にフィードバックをしてくれた門倉正美さん、田村紗代さん、山谷日登美さん、内山茂身さんと、この本を翻訳本として日本の読者に読んでもらえることを可能にしてくれた株式会社新評論の武市一幸さんに感謝します。

吉田新一郎

（2）ＥＱおよびライフスキルの項目は、その数が多すぎてここには掲載しないが、「ＷＷの思わぬ、ＥＱ」で検索していただくと見られる。

もくじ

はじめに　3

第5章　質問を書き換える　133

第6章 質問に優先順位をつける 157

第7章 質問を使って何をするか考える　185

おわりに──質問と教育、質問と民主主義　273

たった一つを変えるだけ——クラスも教師も自立する「質問づくり」

DAN ROTHSTEIN and LUS SANTANA

MAKE JUST ONE CHANGE
Teach Students to Ask Their Own Questions

Published by arrangement with Harvard Education Publishing Group
through Japan UNI Agency, Inc., Tokyo.

はじめに

「なぜ、学校でこれを教えてくれなかったの？」

本書で提示したいのは以下の二つのポイントです。

❶すべての生徒は、自分で質問がつくれるようになる方法を学ぶべきであること。

❷すべての教師は、生徒の質問づくりを授業の一貫として教えられるようにすること。

一番目のポイントは、読者にとっては意外に思えるかもしれないエピソードから考えさせられました。

二〇年も前に私たちは、中途退学を防止しようと活動していたマサチューセッツ州ローレンス市に住む低所得者層の親たちから、「自分たちは何と質問していいのかが分からなかったので、子どもたちの教育にかかわったことも、学校に行ったこともなかった」という話を聞いたのです。このエピソードは、ほとんどの学校教育や社会教育において抜け落ちている欠陥を私たちに気付かせてくれました。

多様な質問をつくり出し、それらを効果的に使いこなすというスキルは、一部の例外となる人たちを除いて、まったくと言っていいほど教えられていません。その例外というのは、エリート向けの私立校に通っているごく少数の生徒たちです。そこで私たちは、民主主義を可能にする基本的なスキルとも位置づけられる、考えたり、学んだりするときに不可欠となる質問づくりの方法を、教育を民主化するための目標に設定したのです。

問題が何であるかということを明確に示してくれた親たちが、私たちを長い旅に導きました。親たちはまた、誰にとっても「正しい質問」があるのではなく、あくまでも自分たちが正しいと思う質問を考え出す機会こそが大切であるということも私たちに教えてくれました。そして私たちは、長年にわたる試行錯誤の末、このもっとも高いレベルの思考スキルを、あらゆる人々に教えることができる方法を編み出したのです。

このとても効果的な教育方法は、すでに多様な分野において応用されています。現在に至る過程のなかで私たちは、質問づくりの能力を磨くチャンスさえ与えられれば、誰でも練習すればうまくなるし、より建設的な質問をつくり出すことも、また尋ねるべきもっとも適切な質問を選び出せることを確認してきました。そして数年前から、全米各地の教師たちとこの効果的な方法を共有することにしたのです。

二番目のポイントは、まさに、私たちとともに仕事をした教師や生徒が提示してくれたことです。教師たちは、通常の授業のなかで質問づくりのスキルを教えることの価値を見事に証明してくれたのです。質問づくりが、生徒たちが考えたり学んだりする際の基本になり、新しい発見への転換点を導くことになり、自分たちこそが学びの主役なんだという意識を高めたわけです。

本書で紹介する生徒たちのバックグラウンドは多様なものです。郊外で裕福な家族とともに暮らしている生徒たち、都心の人口過密地域で生活保護を受けて暮らしているような生徒たち、さらには農村地域で暮らしている生徒たちもいます。どのような社会・経済的なバックグランドがあろうと、すべての生徒が質問づくりのパワーを発見し、そのスキルが自らの暮らしや学習においていかに意味があるのかということに気付いたのです。

一方、教師たちのバックグランドも多様なものでした。経験豊富なベテラン教師もいれば、教えはじめたばかりという新米教師もいましたが、全員が「質問づくり（Question Formulation Technique）」を自ら行う授業に導入することができました。

本書では、さまざまな教科、学年、学校で実践された事例を紹介していきます。それぞれの教師が、質問づくりを教えることの興奮や意外な発見だけでなく、設定した指導目標をより素早く、しかも効果的に達成することができたと報告しています。さらに教師たちは、生徒たちが「発散思考」「収束思考」「メタ認知思考」(1)を身につけてからというもの、自信に満ちた学習者になったことにとても満足しています。

質問づくりを学んだときに何が起こるか？

ピート先生は、ボストンにある公立高校で社会科を教えている三年目の女性教師です。一〇年生に進級するために成績が足りない一四～一五歳の九年生(2)たちの夏季講座を彼女が受け持っていたときの話をしましょう。

この講座に参加していた生徒たちは、病気だったり、家庭に問題があったり、宿題をしなかったり、授業について来れなかったりとさまざまな問題を抱えていました。彼女の役割は、この夏休みの間に、なんとかほかの生徒たちと一緒に一〇年生へ上がれるようにすることでした。

夏期講座の一週間目、ピート先生は読む課題に関連して質問づくりを導入しました。とても蒸し暑い七月の午前中、生徒たちはこれまでに体験したこともないほど考えさせられることになりました。

興味をもって取り組んでいた彼らですが、苦しそうでもありました。いかにもイタズラ好きという男子生徒が、「ピート先生、ピート先生」と手を振りながら発言を求めました。しばらくし

---

(1)「発散思考」とは、多様なアイディアを考え出し、幅広く創造的に考えられる能力のこと。「収束思考」とは、答えや結論に向けて情報やアイディアを分析したり、統合したりする能力のこと。「メタ認知思考」とは、自分が考えたことや学んだことについて思考する能力のこと。これら三つの思考法の詳細については第1章を参照。

(2) 日米両国とも高校卒業までは一二年間なので、九年生は日本では中学三年生、一〇年生は高校一年生となるが、アメリカの高校は四年間となっており九年生からはじまる。中学校は、州や教育委員会によって二年制と三年制があるが、通常は、六年生が中一、七年生が中二、そして八年生が中三となる。

て発言を許されたその生徒は、「先生、こんなにも質問を考えて頭が痛いです」と言ったのです。たしかに、このときの授業でピート先生は、これまで生徒たちが経験したことのないようなことをさせました。明確な指示を少し出しただけで、生徒たちにたくさんの質問をつくらせ、それらを修正したうえで優先順位を決め、それらの使い道を検討するという質問づくりのプロセスを初めて体験させたのです。

すでに九年間学校に通ってきましたが、これまでにこのようなことをしたことがありません。それだけに苦労した彼らですが、とてもやりがいがあり、魅力的だとも思いました。彼らは、それをあっという間に自分のものにして、自分たちが成しえたことに感動すらしていました。

自分の顔を鏡で見ることにしか興味がなかったロサは、「あんなにたくさんの質問がつくれて、自分は頭がいいんじゃないかと思った」と授業の最後に書いていました。これまでの学校生活において、「頭がいい」という言葉は無縁なものだっただけに本人も驚いていました。

生徒たちが示したこれらの変化は、普段から成績がよいとされている生徒たちにも現れました。スタンフォード大学の近くにある公立スタンフォード中学校の司書が、似たような変化を観察しているのです。その司書は、理科を教えているデュプイ先生と社会科を教えているスクラム先生の授業を受けている生徒たちが質問づくりを学んでいることに気付き、二人の先生に対して、「生徒たちは探究学習と自立した学び手になるために必要なことがよく学べていますね」と評価したのです。

この二人の先生はともに一〇年前後の経験があり、とても熱心で優秀な教師です。その二人が、最近、質問づくりを生徒たちに教えはじめたわけです。生徒たちだけでなく、保護者たちまでがそれによる変化に気付いていました。一人の保護者がデュプイ先生に次のように言っています。

「私は、息子の変化に気付きました。自分で質問をつくり出せるようになったことで、自らのプロジェクトをより深めることができるようになりました。これは、彼の姉や兄たちができなかったことです」

自らの質問をつくり出すという方法を学ぶことで、生徒たちは自立的で主体的な学び手／考え手になる機会が提供されたのです。これを実現したいと思っている教師は決して少なくありませんが、一クラス当たりの生徒の多さ、時間やお金や材料などの不足、教育省や教育委員会から発せられる過大な要求・指示・調査、そして授業に打ち込めない生徒たちといった制約要因をたくさん抱えているためにできないのです。

このような厳しい状況にもかかわらず、私たち（筆者）がサポートした教師たちは、質問づくりを導入することで子どもたちの学力を向上させ、学びの自立性・主体性を獲得したうえ、自らがこなすべき仕事量を減らしたのです。

質問づくり

質問づくりは、過去二〇年間にわたって慎重に開発され、試され、簡素化され、改善されてきました。その手順は、以下の七つの段階に分けられます。

❶「質問の焦点(3)」は教師によって考えられ、生徒たちがつくり出す質問の出発点となる。
❷単純な四つのルールが紹介される。
❸生徒たちが質問をつくり出す。
❹生徒たちが「閉じた質問」と「開いた質問(4)」を書き換える。
❺生徒たちが優先順位の高い質問を選択する。
❻優先順位の高い質問を使って、教師と生徒が次にすることを計画する。
❼ここまでしたことを生徒たちが振り返る――学んだことは何か？　どのようにして学んだか？　学んだことをどのように応用できそうか？　など。

質問づくりは、とても分かりやすく、段階を追っているうえに綿密に練り上げられたプロセスです。そして、教師が教えたい内容を容易に織り交ぜることも可能です。私たちが本のタイトルを『Make Just One Change（たった一つを変えるだけ）』としたのは、質問づくりを使ったとしても、これまでに行ってきた授業の九割は元のままでいいからです。指導案を考えたり、個人・グループ・クラス全体のバランスを考慮しながら活動を考えたり、問題が起きたときの対処方法や話し合いをうまく進行したりすることなどについては、これまでどおりでいいのです。

基本的には、従来していることとほとんど同じなのですが、ただ一つだけ変えることが要求されます。それは、これまでのように教師が発した質問に生徒たちが答えるのではなく、生徒たちが自らの質問をつくり出せるように導くことです。

これまでの両者の関係とは異なるので、最初のうちは違和感をもつかもしれません。でも、繰り返し述べますが、教師がすることのすべてを変える必要はなく、一つのことを付け足すだけでいいのです。いったん質問づくりが教師の教え方と生徒たちの学び方の一部になれば、際限なく使い続けることのできる、極めて効果的な教え方であり学び方となります。

本書では、さまざまな学校で、年齢も学力も多様な生徒たちを対象として使われた質問づくりの事例を紹介していきます。一人の先生が自分のクラスだけで使っている事例もありますし、学

（3）　質問づくりの鍵となるもの。生徒たちが質問を考え出すきっかけとなる言葉や文章などのこと。第2章を参照。

（4）「閉じた質問」とは「はい」か「いいえ」で答えられるもの。一方、「開いた質問」は自由に考えを述べられるもの。詳しくは第5章で扱う。

校全体で複数の教科の先生たちが協力しあって取り組み、質問づくりのスキルを育成し、促進している事例もあります。

生徒たちは、書くとき、難しい本や文章を読むとき、探究学習のための質問を設定したり改良したりするとき、実験をするとき、数学の公式を理解するとき、効果のある話し合いを計画するとき、そして自分たちで宿題を考え出すときなどに、新しく身につけた質問づくりのスキルを活用するようになります。これらの多様な実践例を通して、質問づくりをすることが授業をどれだけ豊かにし、カリキュラムの目標や指導目標の達成に寄与するかを容易に読みとることができるでしょう。

質問づくりの起源

私たちのビジョンと実践は、本書で紹介しているものだけで形づくられたわけではありません。長年にわたって、さまざまな地域の市民活動に教育者としてかかわり続けてきた経験によるところが大きいです。

質問づくりは、学校での実践や大学での研究成果として生まれたものではありません。「はじめに」の冒頭でも触れたように、質問づくりのスキルが大切なことは、マサチューセッツ州の低所得者が住む地域の親たちと触れあうことで浮かびあがってきたものです。

著者の一人であるルース・サンタナは、自分自身が生活保護を受けていた経験があるので、複雑な行政の仕組みを親として使いこなしていくことの難しさを十分承知していました。もう一人のダン・ロスステインも、暮らしに大きな影響を及ぼしている意思決定に対して声を上げることのできない人々への支援活動に長い間従事してきました。

一九八〇年代の末、アニー・ケイシー財団[5]が助成していた「中途退学の防止プロジェクト」に私たちはかかわっていました。そのプロジェクトのなかで親たちから繰り返し聞いたのは、「子どもたちの教育についてはとても心配しているが、何を尋ねたらいいのか分からないので、学校でのミーティングに行ったことがない」ということでした。

しかし、このように聞いたからといって分かったわけではありません。実際、一、二回どころか一〇〇〇回同じことを聞いても、その背景に何があるのかということに気付かなかったのです。その代わり、何か問題が起きれば、何を問えばよいかを親たちに教えることで問題を解決してきました。特別支援に関連することであればそれに関する質問を教え、問題が成績表、校則、卒業資格などに変われば、親たちは私たちの所にそのための質問を聞きに来ていました。

振り返ってみると、このような対処法はまったくもって間違っていました。問題が変わるたび

（5）恵まれない子どもたちとその家族を支援する財団。詳しくは、「Annie E. Casey Foundation」で検索。

に適切な質問を教えるという方法では、親たちは子どもたちの問題に対して効果的に対処するだけの能力や自信をもてるようにはならないし、学校の職員とよい関係を築くこともできません。さらには、何を知りたいのか、あるいは知る必要があるのかといったことも明確にすることができません。ただ、私たちへの依存関係を助長しているだけだったのです。

親たちが提示してきた問題を解決するためには、それぞれの問題に対する質問を教えるのではなく、親たちが自ら質問をつくり、それをどのように活かすかを知ることが必要であることに私たちは気付きました。あとから考えてみると当たり前のことですが、問題のありかがこのように明確に示されたことがこれまでにはなかったと思います。

この発見はとても価値のあるものでしたが、質問づくりの方法を、高等教育を受けていない（多くは高校さえ卒業しておらず、なかには識字レベルが極めて低かったり、英語が第二言語という）人たちにどうやって教えることができるのかという大きな課題を私たちは抱えることになりました。そしてここから、この領域で専門性を獲得するための二〇年間にわたる旅がはじまったのです。

ここでいう専門性とは、ノーベル物理学賞の受賞者であるニールス・ボーア[6]が定義した「専門家とは、ある領域において犯すべき過ちをすべて犯して、これ以上はもう過ちを犯せない人」のことです。私たちは、かぎられた教育と所得しかもたず、洗練された思考法や表現法をもたない人たちに教えることを通して実にたくさんの間違いを犯すとともに、実に多くのことを学びました。学んだことを全米と世界のあらゆる地域の人たちに伝えるために、私たちはコア・メンバーとなって「正問プロジェクト」[7]を立ち上げました。そして、このプロジェクトが、私たちが所属する「正問研究所（The Right Question Institute）」へと発展しています。

「正問研究所」での活動によって、人々が日々遭遇している問題の深刻さが明らかになるとともに、重要な思考と自分を主張するためのスキルを教える、簡単かつ効果的な方法を開発する必要性が明らかになりました。そこで私たちは、「質問ができるようになる能力」と「意思決定に効果的に参加するための能力」の二つのスキルを教えるために、よい質問をつくり出す方法を開発したのです。そのきっかけとなったのが以下の出来事です。

❶ハワイの大規模なサトウキビ農場で働く労働者たちが職を失うという状況に立ち会い、小規模農場を経済的に成り立たせることと、それまではプランテーション（大企業）によって提供されていた住宅と社会保険に代わるサービスを獲得することに焦点を当てて質問をしていくことを学びました。

（6）（Niels Henrik David Bohr, 1885～1962）デンマークの理論物理学者。原子物理学への貢献により一九二二年にノーベル物理学賞を受賞。

（7）Right Answer（正解）に対するRight Questionなので「正問《もん》」と訳す。

❷北部カリフォルニアの農村で生活保護を受けている人たちが、その状況から脱するために、より良い職業訓練の機会を獲得するために質問づくりを活用している姿から学びました。
❸ニューメキシコ州とメキシコとの国境付近にある中学校で発砲事件があり、二度とそのような事件が起こらないように質問づくりを使っている移民の親たちを見ました。

これら以外にも、ボストンとニューヨークにある大学の医学部の教職員たちが、保健衛生プロジェクトで質問づくりを使っているところからも多くを学んでいます。低所得者が住んでいる地域の患者も、保健衛生に関して質問できる方法を学ぶことによって、サービスを提供する人たちとの関係がよくなったのです。このプロジェクトについては、よい質問ができるようになることで患者の自立性が高まるという内容で学会誌に発表されています。

成人教育で質問づくりを使うことの価値

一九九〇年代の末に、私たちは学校の授業における質問づくりの価値について学びはじめました。それは、ニュー・ハンプシャー州成人教育局のアート・エリソンとパトリシア・ネルソンが、質問づくりを成人教育、GED、(8) ESOL(9)プログラムに導入したときのことです。

成人の学習者たちは、自ら考えた質問をするようになることでより自信を備えた学習者になる、と指導者たちは報告してくれました。成人教育とＧＥＤの生徒たちは高校卒業資格のない人たちばかりでしたが、質問づくりによってより良く理解できるようになり、よく書け、自らの学びにより責任をもつようになったことで、自分自身だけでなく指導者も驚かせました。一人の生徒が指導者に、「この質問をつくるというのは容易じゃないけど、今までしたことがないぐらい考えました」と言ったあと、しばらく間を置いてから「明日もまたやれますか？」と尋ねたそうです。

成人教育の指導者は、学校での成功体験をもっておらず、ごく初歩的な学習課題もこなせなかった人たちに教えたわけですが、質問づくりをすることでその生徒たちが大きく変わったことを指摘しています。あるＧＥＤのクラスで質問づくりを導入した年配の指導者が次のように言っていました。

「生徒たちは、質問づくりを身につけたことで学び方が大きく変わりました。彼らは、『なぜ、これを高校のときに学ばなかったのか？』と不思議がっています」

この生徒の疑問は核心をついています。質問づくりをより多くの教師が使えるようにするため

（8）（General Education Diploma、General Equivalency Diploma、Graduate Equivalency Degree、General Educational Development）英語ライティング、英語リーディング、社会、理科、数学の五教科の試験に合格し、高校を修了した者と同等以上の学力を有することを証明するための試験のこと。

（9）英語を第二言語として学ぶ幼稚園から高校三年生までを対象にしたプログラム。

の方法を私たちに考えさせたのは、間違いなくこの質問です。

私たちは、最初はニューイングランド[10]のほかの州で、そしてそのあとは、全米の成人教育プログラムに質問づくりを普及するために努力しました。イエール大学の社会・総合政策研究所(Institution for Social and Policy Studies)のドナルド・グリーンとシャング・ハは、「正問プロジェクト」の一環として、成人教育の受講者たちがより積極的な市民として考え、行動するのに寄与しているかを調査しました。この調査のなかでペンシルバニア州のある参加者が下した結論は、「質問づくりを学んだことは、私がこれまでに学んだことのなかでもっとも価値のあることだった。それ自体、私が学ぶのを助けてくれた」というものでした。

同時に私たちは、成人教育の受講者たちが、日々接しているはずの公共的な意思決定に際してまったく参加していないという事実も発見しました。もし、彼らが身近なレベルですら参加できていないなら、選挙、議会の傍聴やチェック、各議員らへのアプローチ、政策転換のためのロビー活動などという、よりマクロ的な民主主義に参加するとは思えません。

私たちは、サフォーク大学のアグネス・ベインと協力して、自分たちの暮らしと関係するさまざまな意思決定に対して、より効果的に参加できるようにするためにはどうしたらいいのかというミクロレベルの民主主義を実現するための方法について考えはじめました。民主主義を実践するスキルでもある自らを主張するスキル(これは、質問づくりと意思決定への参加の二つで構成されている）を彼らが学び、使いこなせるようになることで、第一歩が踏み出せると思ったのです。第一歩さえ踏み出すことができれば、それが民主主義のほかのドアをどんどん開けてくれることになるでしょう。

「正問研究所」では、あらゆる分野と地域のミクロレベルの民主主義の実現に向けた活動を現在も続けています。

質問づくりを学校教育に導入する

ハーバード大学の教育学大学院のリチャード・マーネイン教授が、質問づくりをボストンの教師、校長、教育委員会の職員に紹介してくれたのがきっかけとなって、学校教育への導入を考えるようになりました。マーネイン教授は、授業改善と生徒たちのニーズをつかむために、成績分析をする一つのツールとして質問づくりを提示したのです。この授業改善とこれまでの成人教育現場での経験は、質問づくりを小学校から高校までの教師たちといかに共有し得るかという課題に私たちを駆り立てることになりました。

二〇〇三年には、ハーバードの教育大学院に招かれて質問づくりを教育者に紹介するための特

---

(10)　マサチューセッツ州やニュー・ハンプシャー州を含めた、アメリカ東北部の六州のこと。

別講義をしています。参加者の一人が、アンケートに対して以下のように書いてくれました。

「なぜ、もっと多くの人（教師）がこの方法を知らないのか？　驚きました」

この反応は、何年か前のローレンスで聞いた親の反応と同じものでした。質問づくりは小学校から高校までの公教育において教えられて当然のものですし、そのためにも私たちは、教師たちにもっと情報を提供しなければならないということを再確認しました。そして私たちは、さまざまな研修会などで質問づくりを紹介しはじめたのです。そのたびに教師たちは大きな関心を示し、質問づくりを身につけてからは自分の授業で実践しはじめました。

質問づくりを初めて学ぶ教師たちは、生徒たち自らに質問をつくらせるという発想の転換がいかに簡単なことなのかという事実を知り、感銘を受けています。ニューヨーク市にある文科系の高校に勤務するベテランの歴史教師ガーグラン先生が、次のように述べています。

「質問づくりは生徒たちに是非やってほしいことでしたが、その方法を私は知りませんでした。これまで、生徒たちがレポートを提出したとき、彼らにもっと考えてほしい点を私は余白に書き込んでいました。でも、質問づくりは、生徒たちが自分の書いたものを見て、私が書き込んだような質問や、私が考えもつかなかったような質問を自分でつくれるようにしてくれたのです」

質問づくりが一つのとても大きな転換をもたらしてくれるというこの指摘は、多くの教師たちの反応を代表しています。余白に教師が書き込む質問ではなく、生徒たち自身が質問を考え、それに基づいて新たな発見をしていく姿を教師は見ることになるのです。

メリーランド州の高校教師も、「質問づくりは、生徒たちに自分の学びの責任がもてるようにしてくれます。しかも、それが学校にとどまらず、日々の生活の問題解決にも応用されるようになるのです」と言っていました。また、オレゴン州ポートランドの高校教師（女性）は、「生徒たちが自分で質問などつくれるはずがない」という懐疑的な意見をもっていた同僚たちを覆したという報告をしてくれました。彼女が質問づくりを導入したあと、たった一二週間で学習の柱になったことを知って、同僚たちは自分たちが間違っていたことを認め、自分たちも質問づくりを生徒たちにさせたい、と彼女に申し出たのです。


本書を書くためにたくさんの事例を私たちは集めたのですが、その過程で、多様な生徒たちとさまざまな環境の学校や教室で教えている教師たちと情報交換をする機会がありました。もちろん、小学校の教師たちも質問づくりを効果的に活用しているのですが、本書では、中学校と高校の事例を紹介することにします。

過去一年間にわたって私たちは、ほかの高校から編入してきたり、年齢がすぎている生徒たちを受け入れている特別な学校「ボストン定時制高校（Boston Day and Evening Academy）」と共同プロジェクトを行ってきました。この学校に通う生徒たちはさまざまな問題を抱えています。

そのような生徒たちを学びに集中させることは、教師たちにとっては至難の業でした。そんななか、質問づくりを導入した教師たちは、生徒たちが自らの学びに主体性をもつようになったと報告しています。

「生徒たちは、自らがつくった質問への答えを見つけ出したいのです」と、理科教師のオストバーグ先生は言っています。また、目の進化［一三八〜一四一ページ参照］について学んでいたときには、「学ぶことの主体者意識をもったり、実験の仕方を自分たちで考えていました。また、研究レポートを書くだけでなく、研究に値するだけのより適切な質問を選び取ったり、さらに発展させるための質問も出すことができました。つまり、質問をするための語彙と理解も獲得したわけです」と報告しています。

そして、質問づくりを身につけたことで教師への依存度が減少したために教師の負担も減り、個別に対応する時間が増えたので、「生徒たちの思考を深めるやり取りができるようにもなりました」とも言っています。

ボストン定時制高校の生徒たちは、質問づくりを導入する教師が増えたことで、教科の枠を超えて質問づくりをすることにも慣れていきました。家族の問題や頻繁な引っ越しのために高校を卒業できなかったある生徒は、どこのクラスでも自分で考えて質問をつくり出したことについて、社会科教師のミンチェンコ先生とジーン＝マリー先生に自らの気持ちを伝えました。

「あんなに考えさせられるのはイヤだったけど、なぜ大切なのかと考えてみると、学んでおく必要があるよ。だって、教師にこう考えなさいと指示されているかぎり、僕らは何も学んでいないんだから」

質問をすることの価値について異なる分野の専門家たちがさまざまな見解を述べていますが、それについては「なぜ質問をすることは大切か？」［二八〜三〇ページ］を参照してください。

過去数年間にわたって私たちが学校教育に従事してきたことで、本書をまとめることができました。生徒たちに質問づくりのスキルを身につけさせたいと思っている多くの教師にとって参考になることを祈っています。

本書の構成

第1章では、多様な思考と学習のスキルが含まれている質問づくりの全体像を紹介します。質問づくりの各段階において、教師と生徒が何をするのかについて説明します。また、各段階が具体的にどのような思考法と関連しているのか、そして質問づくりのどの部分が教師にとっては学びを創造的につくりあげる「アート」の部分なのかについても説明します。もちろん、特定の手順やルールを使うことで確実な結果が得られる「科学」の部分も明らかにしていきます。

第2章から第8章では、質問づくりの各段階を、全国の教師や生徒たちの協力を得ながら詳しく見ていきます。各段階の全体像が見えるようにするだけでなく、実際に行われた事例や、導入する際に起こりうる問題への対処法にも言及しています。

まず第2章では、伝統的な「発問（prompt）」[11]と、生徒たちの質問づくりに火をつける「質問の焦点」の共通点と相違点について見ます。カリキュラムと個別授業の目標を念頭に入れながら、教師がどのようにして質問の焦点を考えるのかを紹介します。

続く第3章では、一度も質問をつくったことのない生徒も含めて、誰でも質問がつくれるようにするための四つのルールを紹介します。テーブルが四つの足によって安定しているのと同じく、それぞれの足（ルール）について詳しく見ていきます。そして第4章では、多様な教室と授業で生徒たちが実際に質問をつくり出した事例を紹介します。

第5章では、「閉じた質問」と「開いた質問」の大切さを説明したあとに、生徒たちがそれらの質問を書き換える方法について紹介します。第6章は、つくり出した質問を生徒たちがどのようにして優先順位を決めるのか、そして決定する過程に付随している思考はどのようになっているのかについて言及します。

第7章では、生徒たちがつくり出した質問を使って、指導と学習の目標をどのように達成していくのかを紹介します。そして、それらの質問が、長期的なプロジェクトであれ、短期的な学習課題にも使えることを紹介します。続く第8章は、質問づくり全体を振り返る段階となります。生徒たちに自分がこれまでにしたことを思い出させ、学んだことは何か？　どのようにして学んだのか？　学んだことをほかに、あるいは将来どのように応用できそうか、などについて考えさせます。

第9章では、質問づくりを実践した教師たちからのアドバイスを紹介しています。生徒たちが質問をつくり出す際に遭遇する発見や驚き、そして課題などについてです。最後となる第10章では、質問づくりが生徒たちにもたらす変化と教師における実践の変化について分析し、分類します。ここでは、質問づくりがとくに問題を抱えた生徒たちの学力向上に効果的であることを、低所得者が住む地域の学校で教える教師たちから学んだこととして紹介します。

そして、生徒たちが質問づくりを習得することで何が達成できるのか、つまり生徒たちが自ら質問をつくれるようになると、より良い学習者になるとともに長期的には国家経済にも貢献できるし、よく考えて行動する民主的な市民になれるというビジョンで本書を終えます。

---

(11)　「発問」は教育界の用語。教師が生徒たちに考えたり、活動させるために使う質問ないし投げかけのこと。詳しくは、「発問」で検索。

「たった一つだけ変える」と大きな違いを生む

ボストン定時制高校の運営委員会と教師たちが質問づくりを導入すると決定したことで、生徒たちは自分で考える力を身につけ、自分の学びに主体性をもつようになり、より良い生徒になりました。この高校の生徒たちは、ニュー・ハンプシャーのGED［一七ページの注を参照］の生徒のように、「なぜ、これを高校のときに学ばなかったのか?」と言う必要がなかったのです。

本書で紹介されている高校の事例から、大学卒業時に身につけていることが望まれるスキル［一八〜一九ページの「なぜ質問をすることは大切か?」を参照］がしっかりと身についている様子が分かります。たとえば、ガーグラン先生の歴史の授業を受けた高校生たちは次のように言っています。

「質問をすることは簡単なことなんだけど、それによって多様な学びの可能性を拓いてくれた。と同時に、質問をすることはより深く考えることだと分かった」

こうした反応は、デュプイ先生とスクラム先生の生徒たちが言ったことと同じです。彼女たちは、教える生徒たちが質問をつくれないで六年生を終えるとは考えていません。ある日、七年生になった生徒たちがデュピイ先生の教室に来て、一年前を懐かしんで次のように言いました。

「質問が枠を提供してくれる。そして、その枠を超えて新しい領域への探究も可能にしてくれる。同時に、自分が何に焦点を当てるべきかという軸も提供してくれる」

別の生徒は、自分自身で質問をつくれることが、学ぶことや勉強することにどのような影響をもたらしたかについて次のように語っています。

「質問が興味や関心を高めてくれる。そして、それがなかったら気付くことのなかったたくさんのドアも開かせてくれる」

本書では、生徒たちにたくさんのドアを開けるように指導している教師たちの声を聞くことができます。生徒たちは、自分の思考のなかで新しい突破口を開いたり、クラスメイトや社会に貢献したりすることによって新しい知的領域に入っていきます。従来の意味でいう「勉強ができるか、できないか」とは関係なく、質問するスキルを身につけることで、生徒たち自身も驚くほどの才能を確認することができるはずです。

生徒たちは、授業で学んだことを一回しか使わないということはありません。彼らは、質問をするというスキルをほかの授業や日々の暮らしのなか、そして仕事においても使うはずです。まだ答えが見いだせていないたくさんの質問や、まだ問われていない新しい質問について、彼らはこれから探究し、創造し、つくり出し、問題解決をし、考え続けていくわけですが、それらについて彼らから学べることを私たちは楽しみにしています。

コラム　なぜ質問をすることは大切か？

生徒たちに、質問ができるように教えることは本当に大切なことなのでしょうか？　異なる分野の専門家たちがその重要性に言及していますので、以下で紹介します。

・就学期前の子どもたち

「子どもたちは生まれながらの質問者です。複雑極まりなく、常に変化している環境に適応していくことを学ぶためには、質問をしないと生きていけません。しかし、子どもたちが質問をし続けるかどうかは、大人たちの反応にかかっています」ロバート・スタンバーグ(12)

・小学校から高校までの生徒たち

「私たちがもっている知識は質問の結果です。実際、質問をすることは人間がもっているもっとも重要な知的ツールです。にもかかわらず、このもっとも大切な知的ツールを学校で教わらないというのは不思議なことだと思いませんか？　繰り返します。人間にとってもっとも大切な知的ツールを学校では教わらないのです」ニール・ポストマン(13)

・大学生

二〇〇二年、〈ニューヨーク・タイムズ〉は何校かの大学の学長に、学生たちが在学中に学ぶべきこと、という質問をしました。バード・カレッジのレオン・ボットスティン学長は、「基本的なスキルは、解釈と探究に必要となる分析力です。言い換えると、どのように質問したらいいかを知っていることです」と答えています。また、シラキュース大学のナンシー・カンター学長は、世界はとても複雑なので「私たちが学生たちのためにできるベストのことは、よい質問ができるようにしてあげることです」と言っています。

・知的な仕事をする人や天才

「これまでに誰もしたことのない問いかけをしたり、宇宙について、理解の仕方を変えてしまうような答えを導き出したりするのは偉大な科学者たち（ゆくゆくは普通の人々も）に委ねられています。アインシュタイン(14)の才能は、時間と空間の全体性に対する継続的な問いかけにありました」ハワード・ガードナー

(12)（Robert Sternberg）現在、コーネル大学の教授。大学入試の具体的な改革提案を、長年提唱している。「三つの能力理論（Successful Intelligence）」＝「分析力（Analytical Intelligence）」「創造力（Creative Intelligence）」「実践力（Practical Intelligence）」に基づいて行っている。

(13)（Neil Postman, 1931～2003）アメリカを代表する教育批評家であると同時に、具体的な改革案を提供し続けた一人。メディア関連の四冊は邦訳されているが、教育関連の本は邦訳されていない。

・ビジネスリーダー

「もっとも頻繁に起こるマネジメントの問題は、正しい答えを見つけることができなかったということではありません。よい質問が浮かばなかった、ということです」ピーター・ドラッカー(15)

・医療従事者

「当然のことながら患者は医者ではありませんし、医者になるためのトレーニングや経験もありません。そして患者は、質問することを遠慮してしまいます。しかし、質問はまったくもって正当なことなのです。患者は、質問することも、医者と同じように考えることも学べるのです」ジェローム・グループマン(16)

---

(14)(Howard Gardner)現在、ハーバード大学教授。「theory of multiple intelligences」で有名だが、私にとっては難しかったので、それを現場の教師向けに書いた『マルチ能力が育む子どもの生きる力』(トーマス・アームストロング、小学館、二〇〇二年)を訳して紹介した。

(15)(Peter Ferdinand Drucker, 1909~2005)『もし高校野球の女子マネージャーがドラッカーの『マネジメント』を読んだら』(岩崎夏海著、ダイヤモンド社、二〇〇九年)がベストセラーになった。

(16)(Jerome E. Groopman)雑誌〈ニューヨーカー〉の医療・生物担当のライターであると同時にハーバード大学医学部の教授。多くの本が翻訳されており、医者と患者の関係は、教師と生徒(ないし親)と似ていることに気付かせてくれる。「医者の問診に学ぶ、WW便り」で検索すると関連情報が入手できる。

第1章

質問づくりの全体像
——多様な思考力を磨く方法

「自ら質問をすることで、よりたくさんのことが学べた」

質問づくりは、たくさんの質問をつくり出すことができるとても簡単で分かりやすい手順です。生徒たちは、綿密に練られた手順を体験する過程で、質問についてより深く考えたり、質問を洗練したり、質問の使い道の優先順位を決めたりします。生徒たちはこれらの手順を踏むことで、質問をつくり出す以外に、以下で詳しく説明する極めて大切な「発散」「収束」「メタ認知」の三つの思考力を練習することになります。

本章では、これら三つの思考力と質問づくりの各段階との関係について考察していきます。私たちは、「質問づくり」が学びを創造的に編み上げる「アート」（教師と生徒たちの思考と行動によって絶え間なく形づくられる開かれた手順）であると同時に、「科学」（厳密で、繰り返しの実験で証明済みの手順に従って行えば、常に似たような結果が得られる）でもあることを紹介していきます。

高次な三つの思考力①

あなたの生徒たちが以下のようなことをしている、と想像してみてください。

・自由に新しいアイディアを考え出している。

・文章を分析している。
・調査結果を解釈している。
・学んでいることを自分のものにしようとしている。
・自分が知っていることや、それをどのように使いこなせるか説明することができる。

これらのことができるためには、次の三つの思考力が必要となります。

・**発散思考**――多様なアイディアを考え出し、幅広く創造的に考えられる能力。
・**収束思考**――答えや結論に向けて、情報やアイディアを分析したり、統合したりする能力。
・**メタ認知思考**――自分が考えたことや学んだことについて振り返る能力。

(1)　思考力は、日本では「考える力」としてあたかも一つの力として捉えられがちだが（学校の教育目標などに反映している）、欧米ではベンジャミン・ブルームが一九五〇年代に六つの思考力を提唱して以来、低次と高次の思考力に分けられることが多い。一般的に、低次の思考力は暗記力と理解力で、高次の思考力は、分析力、応用力、統合力、評価力とされている。しかし、『理解するってどういうこと？』（エリン・キーン／山本隆春・吉田新一郎訳、新曜社、二〇一四年）や『理解をもたらすカリキュラム設計――「逆向き設計」の理論と方法』（グラント・ウィギンズ&ジェイ・マクタイ／西岡加名恵訳、日本標準、二〇一二年）を読むと、理解力も高次の思考力に入れたくなるだけでなく、それだけで多様な中身を提示してくれているので、ぜひ参照。

三つの思考力は、生徒たちにとってとても貴重なスキルです。これらを組み合わせて使うとき、個々が潜在的にもっている力は何倍にも膨れあがります。とはいえ、ここではしばらく個別に見ていくことにしましょう。そのあとで、質問づくりのなかにおいてそれらがどのように組み合わされて使われているかを見ていきます。

発散思考――新しい可能性に心を開く

発散思考とは、多様なアイディア、選択肢、仮説、可能性を考え出すことです。それは、生徒たちが「行き詰っちゃった」と思ったときや、調べるテーマのアイディアが浮かばないとき、そして創造的に考えられないときなどに必要となります。しかしながら、残念なことに、生徒たちは学校で過ごす時間が長くなれば長くなるほど、この発散思考が苦手になるという傾向がありま す。

創造的な仕事をしている画家、作家、音楽家などは、型にはまらない独創的な新しいアイディアを考え出す発散思考があるゆえに尊敬されています。発散思考は、あとから身につけたり、育てたりした能力としてではなく、与えられた特別な才能として捉えられることが多いのですが、それは事実からかけ離れたものです。

発散思考は、高次の思考力のなかに位置づけられるものの一つで、あらゆる年齢層にも教えることのできる思考法です。発散思考を練習した幼稚園児たちが能力を向上したり、低学力の中・高生たちも発散思考を身につけて、練習を積むことで自らの能力全体に自信をもつようになったという研究成果があります。生徒たちが発散思考を使うと、よりたくさんのアイディアをつくり出せるようになり、思考も柔軟になるので、学力全体の向上につながるのです。

そして、もっとも重要な点は、発散思考ができるようになった生徒たちは難しい課題やストレスにうまく対処できるようになり、日々の生活においてもその思考を応用することが可能になるということです。

収束思考――アイディアを統合、分析、解釈する

発散思考を促進する必要性は、知的な要求によるからではありません。それは、ビジネス上でも極めて重要な位置を占めています（たとえば、近年のWeb2.0[2]やソーシャル・メディアの普及を考えてみてください）。しかしながら、発散思考の成果である創造力は低下の一途をたどっていることが懸念されています。〈ニューズウィーク誌〉は、二〇一〇年七月一〇日号で「創造力の危機」を特集として扱い、学校での取り組みや、創造性には発散思考だけでなく収束思考も必

（2）誰もが情報の送り手と受け手になって、ウェブを利用している状態のこと。

要であるという研究者の研究成果を紹介していました(3)。

収束思考は多様なアイディアを統合することを伴います。たくさんの事実や事例を集めたうえで、生徒たちにそれらの意味をつくり出すことを可能にします。この種の思考力は、生徒たちが説明したり、解釈したり、要約したり、比較したりするときに使われており、考えをまとめるときには必ず使っている知的活動です。

〈ニューズウィーク誌〉の記事によれば、本当の創造力には「発散思考と収束思考を絶え間なく一体化させた状態が必要で、換言すれば、それは新しいアイディアと古くて忘れ去られたアイディアの統合を意味します。高度な創造力のある人たちは、両方の思考を使って、そうしたアイディアをまとめることがうまいのです。学校において創造力を養うために成功しているケースでも、生徒らが発散思考と収束思考の間を行ったり来たりしていることが分かっています」。

メタ認知思考――自分が考えていることについて振り返る

発散思考と収束思考を結び付けることはとても効果のあることですが、私たちはこれにもう一つ付け加える必要があります。それは、自分が学んでいることや考えているプロセスについて振り返って考える能力、つまりメタ認知思考です。このルーツは古代にさかのぼるのですが、近年、すべての生徒にとってより良く学べるためには欠かせないものとして捉えられるようになっています。

一九九九年に亡くなった発達心理学の先駆者であるアン・ブラウン(4)は、できる生徒たちは読んでいる内容に対して自然に質問を投げかけたり、次に何が起こるかを予測したり、自分の理解や解釈を振り返ったりする、と指摘しています。一方、理解することに困難を抱えている生徒たちは、読んでいるときにこうした方法が使いこなせていないということを発見しました。

そこで彼女は、夫のジョセフ・カンピオンを含む同僚たちと、困難を抱えている生徒たちのために、こうした思考法を定着させるための方法の開発に乗り出したのです。彼女のアイディアは、小学校の各教室を、探究的な方法や振り返りを重視した「学習者のコミュニティ」にするというものでした(5)。

（3）「Newsweek, The Creativity Crisis」で検索可能。

（4）（Ann Brown, 1943～1999）より良い学びにはメタ認知が必要であることを提唱した先駆者の一人で、主な著書に『メタ認知――認知についての知識』（A・L・ブラウン／湯川良三・石田裕久訳、サイエンス社、一九八四年）がある。また、『授業を変える――認知心理学のさらなる挑戦』（米国学術研究推進会議編著／21世紀の認知心理学を創る会訳、北大路書房、二〇〇二年）の編者の一人。

（5）これを実際に実現している好例として、『ライティング・ワークショップ』『作家の時間』『リーディング・ワークショップ』『読書家の時間』『「読む力」はこうしてつける』『「考える力」はこうしてつける』（以上、新評論）および『理解するってどういうこと？』（新曜社）があるので、ぜひ参照。

ブラウンは家族のなかで最初に大学教育を受けたのですが、彼女がスラスラと本を読めるようになったのは一三歳になってからのことだといいます。自ら学び方を知る必要性を自覚していた彼女は、次のように主張しています。

「よい学習者は、自分の強みと弱みを知っていて、多様な学び方をうまく使いこなしています」

彼女の研究は、学習者が何を学んだのかを理解し、学んだ方法を説明し、ほかの状況でそれを使うことができないかと考えたりする形で、メタ認知思考がいかに大切かということに焦点を当てていました。

米国学術研究推進会議が出した『授業を変える――認知心理学のさらなる挑戦（How People Learn: Brain, Mind, Experience, and School）』のなかでは、メタ認知思考を学習の中心的な要素として位置づけ、すべての生徒に対して体系的に、しかも時間と手間をかけてメタ認知思考を身につけられるようにする必要性が提唱されています。

この本の編者がとくに大切にしたのは、メタ認知思考が、学んだことを他の状況に転移させる機能についてでした。自分がどんな学習者であるかを知っていて、自分が使った学習方法を説明したり、振り返ったりできる生徒たちは、一つの状況で学んだことを他の状況に移して使いこなせる可能性が極めて高いのです。

ほとんどの子どもたちはメタ認知思考を身につけて学校に入ってくるわけではありませんし、

それを身につけて高校を卒業するわけでもありません。この状況は大学にもち越されています。多くの大学生が、基本的なメタ認知思考や習慣をもち合わせていないことが調査から分かっています。メタ認知思考ができないと、内容の理解が不十分になったり、時間の使い方が効果的でなかったり、自分の知識に過剰な自信をもってしまったり、新しい情報や相反する情報に目をつぶったりと、マイナスの結果を招いてしまいます。

メタ認知思考は、米国学術研究推進会議が主張するように、発散思考と収束思考と同様に、時間と手間をかけて身につけるべきものです。これら三つは、今はもっていないかもしれませんが、生徒たちの誰もが身につけることのできるとても重要な思考力です。以下では、極めて簡単な手順でこれら三つの思考力を身につけ、そして自分のものにする「質問づくり」の方法を紹介します。

質問づくりの七つの段階

質問づくりは、生徒たちが極めて短い時間で三つの思考力を身につけると同時に、カリキュラムで押さえるべき内容を理解することを助ける手順と枠組みを提示してくれます。その中心に位置づけられているのは、生徒たちが自ら質問をつくり、それを改善し、そして優先順位が高いものを選ぶことです。五〇～五一ページに掲載した**表1－2**は、その流れがひと目で分かるようにしたものです。

「はじめに」で述べたように、質問づくりを導入するためにはたった一つの小さな変化を要求しますが、それが結果的には大きな変化をもたらすことになります。これまでのように、教師が質問をすることはなくなり、その代わりに、生徒たちが質問をするようになります。教師の役割は、生徒たちがよい質問をつくり出せるように全体の流れをスムーズにすることとなります。

最初に質問づくりをするときは、すべての段階を終了するために四五分ほど確保したほうがいいでしょう。この手順に慣れると、教師も生徒も、小グループでも一〇～一五分でやれるようになります。場合によっては、手順の一部を個別にやらせたいときも出てきますが、練習していればそれも難しくはありません。

表1－1は、質問づくりの段階毎の教師と生徒の役割、および生徒が身につける思考力についてまとめたものです。それぞれの段階について、簡単に見ていきます（詳しくは、第2章～第8章を参照してください）。

質問づくりの第一段階は、「質問の焦点」を考えて選び出すことです。質問の焦点は、文章や写真、ビデオや音声など、生徒たちに刺激を与え、質問をつくり出すきっかけになるものであれ

表1－1　質問づくりの7つの段階と教師と生徒の役割

	教師の役割	生徒の役割	生徒が身につける思考力
質問の焦点	質問づくりを使うにあたっての目標を設定し、質問の焦点を考える。	なし	なし
質問づくりのルール	質問をつくる際のルールを紹介し、全体を進行する。	質問づくりのルールを使う際の難しさについて話し合う。	メタ認知思考――ルールを守る際の難しさについて互いの考えを話し合う。
質問をつくる	生徒たちにやり方を説明し、質問の焦点を提示し、やり取りを観察しながら、必要に応じてサポートする。	小グループになって、質問の焦点から思い浮かぶ質問を出し合う。	発散思考――ルールに基づいて、できるだけたくさんの多様な質問をつくり出す。
質問を改善する	閉じた質問と開いた質問を簡単に説明し、それらを相互に変換する際のやり取りを見守り、サポートする。	閉じた質問と開いた質問、それぞれの長所と短所を出し合ったうえで、相互に質問を書き換える。	メタ認知思考――必要な情報を得るために、異なる種類の質問の目的と使い道について考える。 収束思考――探究をより効果的なものにするために、質問を書き換える練習をする。
質問に優先順位をつける	生徒たちにやり方を説明し、やり取りを観察しながら、必要に応じてサポートする。	出された質問を比較し、評価し、話し合って、最も重要な三つの質問を選び出す。選んだ理由も言えるようにする。	収束思考――出されたすべての質問を分析、比較、評価して、三つの質問を選び出す。
次のステップ	質問の使い方についてのやり方を指導する。	その質問を使って、教師が設定した目標を達成する計画を立てる。	収束思考――学習目標に合致した質問の使い方を検討する。
振り返り	振り返りのプロセスを進行する。	学んだことは何か？　どのようにして学んだか？　今は何を知っていて、それについてどう感じているか？　学んだことをどのように応用できそうか？　について話し合う。	メタ認知思考および収束思考――自分達の考えたことや学んだことについて振り返る。と同時に、自分たちの出発点と比較し、今いる到達点についても考える。

ば何でもかまいません。それらは生徒たちの発散思考を促すものですが、と同時に教師の指導上の目標を踏まえて、生徒たちが収束思考も練習できるものでなければなりません。

質問の焦点は発問［五四〜五六ページ参照］と似ていますが、大きく違うのは、それが教師の質問ではなくて、生徒たちがつくり出す質問のために存在するということです。第2章では、実際に教師がつくり出したものを紹介しながら、質問の焦点を考える際の詳細について見ていきます。

第二段階では、質問をつくるための四つのルールをはじめとして、生徒たちが自分たちで質問をつくるための枠組みないし手順を提示します。これらのルールは、生徒たちが教師の助けなしで、自分たちで質問をつくり出せるようにするためのものです。

❶できるだけたくさんの質問を出す。
❷（それらの質問について）話し合ったり、評価したり、答えを言ったりはしない。
❸発言のとおりに質問を書き出す。
❹肯定文として出されたものは疑問形に転換する。(6)

教師はルールを提示して、生徒たちにその内容やルールを守る困難さ（や容易さ）について話させます。ルールは行動に変化をもたらします。短い時間でたくさんの質問を出すことに慣れると、話し合いの際に脇道にそれることがなくなります。

通常、生徒たちは、自分一人のときや、小グループでアイディアを出すときにどのように行動しているかを振り返ります。そのとき、これまで習慣的に行ってきたことと、質問づくりのときに求められる行動との違いに気付きます。つまり、メタ認知思考を練習しているわけです。そのうえで、自分が考えていることや、どのように質問づくりをしたらいいのかということについて考えます。

生徒たちは、質問をつくり出す手順について意識をすることになります。要するに、生徒たちはルールを提供されたことで、質問をつくり出すことだけに集中して考え続けるように仕向けられるわけです。これが発散思考を可能にする環境です。

第三段階で、実際に質問をつくり出します。教師から「質問の焦点」が提示され、ルールを守りながら指定された時間内にできるだけたくさんの質問をつくります。生徒たちは、できるだけ多様な質問を出すように言われます。これは、発散思考の練習です。もし、この段階でルールを破っている場合があれば、教師は注意する必要があるかもしれません。

(6)　ブレーン・ストーミングのルールにかなり似ている。ただ、質問づくりにしても、ブレーン・ストーミングにしても、ルールを知っているだけでは価値はないので、ぜひ積極的に活用していただきたい。

第四段階では質問を修正します。生徒たちが質問をつくり出したら、「閉じた質問」と「開いた質問」〔二ページの注参照。第5章で詳述〕について説明をし、話し合います。自分たちが出した質問は、どちらだったのかを分類してみるのです。

それに続いて、それぞれの質問の長所と短所についても話し合うといいでしょう。この段階の最後には、最低でも一問ずつ、「閉じた質問」は「開いた質問」に、「開いた質問」は「閉じた質問」に書き換えることにします。

この「閉じた質問」と「開いた質問」の長所と短所を分析することは、質問の役割や目的について考えたり、質問の仕方によっては情報を引き出しやすくしたり、その逆になってしまうことなどを生徒たちに気付かせて、メタ認知思考を高めることになります。

この質問の形態に関する気付きは、探究のプロセスを新しい視点で考える際に役立ちます。一方の質問から他方の質問に書き換えることを通して、そこから何が発見できるのか、自分のどのようなニーズが満たせるのか、純粋に発散思考からはじまった探究のプロセスをどのように進化させてくれるのかなどについても生徒たちは考えることになります。つまり、収束思考を開始するわけです。

「閉じた質問」と「開いた質問」について考えたあとは、生徒たちは自分たちのつくった質問に優先順位をつけます。それは、多角的な視点から行われます。たいていの場合は、指導目標が頭に入っている教師から選ぶ視点や基準が提供され、生徒たちの合意によって優先順位の高い質問を選ぶように指示されます。多くの場合、三個程度の質問が選ばれます。

選んだ質問を見ながら、それらが必要としている情報を得るためにどのように役立つかを生徒たちは検討します。彼らは、質問を比較し、どれが一番効果的な質問かを判断します。同時に、最初に問われるべき質問はどれで、その答えが出ないかぎり次の質問は考えることもできないというケースなども含めて、質問の順番についても話し合います。

再び生徒たちは、質問の性質や役割、それらが生み出す情報、そして自分たちが考え出した質問をもっとも効果的に使うにはどうしたらいいかといったことについて考えます。

このメタ認知思考のあとでは、生徒たちは収束思考をしやすい状況になっています。質問の優先順位を明らかにしたあとは、教師と生徒が次にすることを計画する段階となります。ひょっとしたら、教師が優先順位の高い質問を使って何をするかの指示を出す場合もあるでしょう。

質問づくりの最終段階は、内容とプロセスの両方の振り返りです。ここでは、教師が質問をして、生徒たちが答えるという従来の教師と生徒たちのやり取りを行います。たとえば、質問づくりのこれまでの各段階で、生徒たちが学んだことは何か？　どのようにして学んだか？　はじめたときとは違って、今分かったことや知りたいと思うことは何か？　学んだ内容とかその方法（スキル）をどのように応用できそうか？　などが質問されます。

この段階で生徒たちは、自分たちの考えたことや学んだことについて考えます。単に何を学んだかを振り返るだけでなく、どのように学んだかについても振り返ります。このメタ認知思考は、内容とスキルの両方の学びをより強固なものにします。自分が体験したことを言語化するように求められることで、より広範囲に考えることが可能になります。

クラスのなかでは常に個別の多様な学びが展開しているので、同じプロセスを体験していても、クラスメイトの学びについて聞くことで多様な学びが起こっていたこと、つまり発散思考に気付くことができます。

しかし最終的には、自分にとってもっとも大切なことは何であったかを共有し合うことで生徒たちは収束思考を行います。つまり、多様なアイディアを、協力し合っていくつかの結論にまとめるのです。

質問づくりはアート（創造）であり、科学でもある

教室で質問づくりを実践することは、アートであると同時に科学でもあります。教師としてこれまでの経験をもとにしながら、個別、小グループ、そしてクラス全体の学びを創造的に編みあ

げていくから「アート」と言えます。その一方で、何度も実験が行われ、生徒たちが新しく、かつ深い方法で考えられ、自らの変化についても振り返れるといった結果を確実にもたらす手順を使うために「科学」とも言えるのです。

以下では、アートと科学が質問づくりにどのように現れているかを示します。

アート

・**質問の焦点を選ぶ**――これには、創造性と想像性の両方が欠かせません。つまり、試行錯誤が必要だということです。常に改善することが求められます。

・**グループ活動**――これは常にアートであって、科学であったことはありません。グループの構成と相互のやり取りは成果を決定づけます。グループ毎に、そして時とともにやり取りの質は変化しますから、グループ活動を運営するということは科学とはならず常にアートなのです。

・**質問づくりと、「閉じた質問」と「開いた質問」の変換**――これらのことは、練習によってどんどん上達します。

・**優先順位の決定**――教師の教え方、生徒たちの興味・関心、知識、好み、生徒間のやり取りなどが優先順位の結果に影響します。もちろん、創造力も必要です。生徒たちは優先順位の高い質問を選ぶ練習と、その選択の理由を話すことでどんどん上達していきます。

・**次のステップ**――教師と生徒たちが協力をして、質問を使って次に何をするかを計画します。したがってそれは、出された質問と扱いたい課題（内容）によって毎回異なることになります。

科学

・**一つの重要なルールの順守**――それは「生徒たちは、自分たちで質問をつくる」というものです。従来のように、教師の質問には反応しません。このルールは、どこでいつやろうと実験室のように同じ結果を出してくれます。それは、生徒たちが決まった手順で自分たちの質問をつくり、改善し、優先順位を決めるというものです。

・**質問の焦点の利用**――生徒たちに質問の焦点を提示することで、生徒たちの反応が違ったものになります。生徒たちが質問を出しはじめるのです。時には、あまり多くない場合もありますが、それでも、これまでのように一つも出なかったときよりはマシです。質問の焦点が、生徒たちの思考の焦点を絞っているとも言えるかもしれません。

・**質問を出す四つのルール**――自分たちが質問を出すという、通常とは違うことをするときには最低限のルールが必要です。個別の項目は大切ですが、四つのルールが連動することで効果は増し、生徒たちに質問を出しやすくする創造的かつ安心できる状況をつくり出します。

・**「閉じた質問」と「開いた質問」に関する知識**――これに関しては、ほとんどの生徒にとって新しい知識となります。そして、質問を操作することで異なる情報が得られるという発見は、目を見張るほどの経験となります。

・**振り返り**——この項目は自由回答形式なので、アートなのではないかと思う方もいるかもしれません。しかし、生徒たちに「学んだことは何か？」「どのようにして学んだのか？」「学んだことをどのように応用できそうか？」と頻繁に問いかけると、一貫性のある反復的な結果が得られる点で科学に分類されます。

以降の章では、教師たちと生徒たちの実践を通して質問づくりのアートと科学を具体的に紹介していきます。

それぞれの質問の価値を検討する
・「閉じた質問」の長所と短所は何か？
・「開いた質問」の長所と短所は何か？

質問の形態を変換してみる
・「閉じた質問」は「開いた質問」へ
・「開いた質問」は「閉じた質問」へ

質問に優先順位をつける
つくり出した質問のなかから優先順位の高い質問を３つ選ぶ。
①

②

③

これら３つを選んだ理由は何か？

次のステップ
選んだ質問をどのように使うのか？

表１－２　正問研究所の質問づくりの方法

・自分たちの質問をつくり出す。
・つくり出した質問を改善する。
・質問に優先順位をつける。

自分たちの質問をつくり出す

自分たちの質問をつくるための４つのルール：
①できるだけたくさんの質問を出す。
②話し合ったり、評価したり、答えを言ったりしない。
③発言のとおりに質問を書き出す。
④肯定文として出されたものは疑問形に転換する。

つくり出した質問を改善する

閉じた質問と開いた質問を分類する
①閉じた質問――「はい」か「いいえ」、ないし簡単な言葉で答えられるもの。
②開いた質問――説明が必要なもので、「はい」か「いいえ」、ないし簡単な言葉で答えられないもの。

「閉じた質問」には△印をつける。残りは「開いた質問」なので、○印をつける。

第2章

教師が「質問の焦点」を決める

「質問することは、とても簡単なことであると同時に、多様な学び方を可能にしてくれると気付きました」

「ティーチ・フォー・アメリカ」(1)の二年目をロスアンジェルスの高校で教えている若い理科教師は、「一年目はクラス運営について学べたので、二年目は生徒たちが自分で考えられるようにすることを目標として設定しています」と知らせてくれました。また、その教師は、「いったいどうしたら生徒たちがクリティカル・シンキング(2)を使いこなせるようになるのでしょうか? それは、自分で質問をし、そしてそれについて探究できるようになることだと思うのです」と自問自答していました。そして最後に、次のように書いていました。

「しかし、残念ながら、私にはそれを可能にするスキルがないので、この点についてのアドバイスをお願いします」

教師からの発問——問われることのなかった悪しき伝統

ソクラテスが弟子たちに問いかけることで自らを窮地に陥れた二五〇〇年前から、教師からの質問こそが教育の質を測る重要な指標でした。ある意味では、ソクラテスが、教師の質問によってすべてをコントロールするという悪い伝統をつくり上げてしまったと言えます。教師としてのソクラテスが問いかけ、生徒としての弟子たちは、質問の流れに沿って答えなければならないのです。そして、このような状況が何千年も続いてきたわけです。

教師はこれまで、生徒たちの思考を促進するための完璧な問いを見つけ出そうという、問われることのなかった悪しき伝統（習慣）にとらわれていたのです。発問は、教育における基本的な用語であり、教師が日々授業を用意する際に核となっているツールです。そして、教師から発せられる質問こそが、生徒たちの思考を促すもっとも効果的な手段だと考えていたのです。

教師は、その養成段階から、生徒たちへの発問を用意するように教えられます。幼稚園から高等教育まで、自らの授業で話し合いを計画した教師は、必ずといっていいほどその日の授業のテーマについて生徒たちの考えと話し合い(3)を喚起するためにどういう問いかけがいいのか、いくつかの選択肢を考え、それらを検討し、そして最終的に決断して選んでいると思います。

生徒たちの興味・関心や好奇心に火をつけるために、忙しいにもかかわらず教師たちは貴重な

(1)（Teach For America: TFA）就職前の学部卒業生を、教員免許の有無にかかわらず大学卒業から二年間、全米各地の教育困難な地域にある学校に常勤講師として赴任させるプログラム。同じことを、「Teach for Japan」が日本でも行っている。

(2)　一般的には「批判的思考力」と訳されているが、この思考の最大のポイントは、「大切なものを選び出す」スキルである。

(3)　必ずしも、この考えるという行為と話し合うという行為が同時に起こるとはかぎらない。

時間を費やして、生徒たちの創造力や問題解決力を爆発させるような問いを考え続けています。なかには、年間を通した学習と、生徒たちの思考を刺激するための完璧な「本質的な質問」を夏休みの間ずっと真剣に考え続けていたという教師もいます。

すべての夏期休暇を費やすほどではなくても、週末や夜に、生徒たちに問いかける質問について考える教師がたくさんいます。アトランタの中学校教師は、生徒たちが探究プロジェクトを自分たちで考えてはじめられるようにするためのピッタリな質問は何か、と悩んだことがあると言っています。でも、「この状態はなんかおかしい」ことに彼女は気付きました。

「教師ではなく、生徒たちこそが自分たちにとって大切な質問を一生懸命に考えないといけないんじゃないか」と。

「教師の発問」から「生徒自身による質問づくり」への転換

質問づくりを使うということは、これまでの授業のやり方に一つの大きな変化をもたらします。それは、教師の問いかけによって生徒たちが考えることから、生徒たち自らが質問をつくることへの移行です。この移行は用語の転換も意味します。これまでのように、教師は「発問」をするのではなく、「質問の焦点」を示すことになります。「質問の焦点」とは、あくまでも生徒たちがつくる「質問」のための「焦点」であり、生徒たちに答えさせるものではありません。この「質問の焦点」の定義は次のようになります。

質問の焦点――生徒たちが質問をつくり出すための引き金。生徒たちがそれをきっかけに考えて質問をつくり出せるものであれば、短い文章、あるいは写真や短い動画や表・図などの視聴覚教材など何でもかまわない。質問の焦点は、生徒たちの思考を喚起するために、従来使っていた教師からの発問の反対側に位置づけられるものである。

質問の焦点は、生徒たちを行き詰った状態から抜け出させるために、その場で質問づくりをする一環としても、あるいは周到に準備した授業や年間指導計画（カリキュラム）およびその構成要素であるユニット[4]を展開する一部としても使えます。

質問の焦点を含めて、たとえ質問づくりを初めて使うときであっても、何回か試して慣れてきてからでも、教師の役割である本質的な部分は変わりません。つまり、指導上の目的や目標を念頭に置きながら、全体の流れを含めて教師が責任者なのです。いつ、どこで、何を目的として生徒たちが質問をつくり出すのかを、教師が判断しているわけです。

何が効果的な質問の焦点か?

これまでの体験を通して、発問を考え出すのは継続的な学びと経験の産物だということが分かっています。やればやるほど、発問の言葉遣いやタイミングが生徒たちの反応にどのような影響を及ぼすか(どのようなものが特定の生徒に効果があり、カリキュラムのなかで効果があるのはどれかなど)が分かり、それを知れば知るほど上達します。

質問の焦点についても同じことが言えます。やればやるほど、口では説明できない知識が増し、徐々に自分にも同僚たちにもはっきりと述べられるようになります。質問の焦点を使いはじめたばかりの教師でも、生徒たちのニーズと授業の目的を押さえた質問の焦点を考え出し、それを微調整することは比較的早くできるようになります。こうした教師たちの経験が、効果的な質問の焦点を考える際の指針になりました。

①明確な焦点をもっている――「焦点」という言葉が大切です。課題、テーマ、大切にしたいことなどを、短く分かりやすく提示します。質問の焦点がはっきりと表現されていると、生徒たちは質問を考えやすくなります。

②質問ではない――目的は、あくまでも生徒たちに質問を考え出させることです。

これら二つで質問の焦点を考え出すには十分ですが、以下の二つのヒントも役立ちます。

③**刺激によって新しい思考を誘発する**――刺激的な質問の焦点は強い反応を誘発し、質問をたくさん生み出します。

④**教師の好みや偏見は表さない**――教師の意見として生徒たちがとらえてしまうような文章は避けます。質問の焦点は、生徒たちが自由に考えられるものがいいからです。

上記の①、③、④は伝統的な発問にも当てはまることなので、これらのヒントを受け入れることは問題ないと思います。唯一の違いは②だけです。つまり、教師が質問を考えるのではなくて、生徒たちが考え出すということです。その際、①、③、④を忘れられては困るのです。

（4）　ユニットは「単元」と訳せないこともないが、「単元」という言葉には教科書単元がつきまとうので、本書では「ユニット」を使う。学習指導要領と教科書はもちろん踏まえながら、生徒たちの興味・関心やニーズ、そして教師自身の興味・関心や強みなどを統合する形で年間計画（カリキュラム）およびその構成要素であるユニットを計画するのが教師本来の仕事である。間違っても、目の前にいる生徒たちを無視して、教科書をカバーすることが教師の仕事ではない。それをすれば、教師自身が生徒たちのよく学べない原因をつくり出してしまうことになる。実は、このカリキュラムとユニットを計画する要素はほかにもある。興味のある方は、訳者（pro.workshop@gmai.com）までメールをいただければ資料をお送りする。

以下では、教師たちが実際の授業でしたことに照らし合わせながら、四つの指針について詳しく見ていきます。そのあとで、具体的な質問の焦点のつくり方について見ていきます。

①明確な焦点をもっている

もし、焦点が明確でないと、生徒たちは知的なエネルギーをはっきりしていない部分を理解するために使ってしまうものです。細かい点や他のことへの言及などは、生徒たちの思考の妨げになります。質問の焦点は、次のようなときにより効果的となります。

短く簡潔に表現されているとき――とても短い文章や簡潔な言い回し、またはテーマで言い表せるとよいでしょう。その例として、生物の「目の進化」、数学の「比の仕組み」、社会の「あなたの権利は憲法で守られている」などがあります。

焦点がはっきりしているとき――教師が生徒たちの関心を特定の方向に向け、生徒たちに特定のテーマで質問をつくってもらおうと思っている場合には焦点がはっきりします。質問の焦点がぼやけていると、生徒たちは質問をつくることが難しくなります。

次に示すのは、教師たちが実際に明確な質問の焦点をつくり出した事例です。

ボストン定時制高校のオンサム先生は、理科の入門コースを教えています。クラスでは細胞のユニットがはじまろうとしています。生徒たちのなかには、このテーマについてよく知っていて、単なる復習だけでいいという生徒と、最初から学ぶ必要のある生徒がいます。彼女は当初、質問の焦点を次のように考えました。

細胞――これはあまりにも広すぎて、生徒たちに質問を考えさせるにはよい焦点にならないと思いました。しばらく考えてから、彼女は次のようにしました。

細胞の中――まだ粗さはありますが、かなり限定されました。これなら、異なるレベルの知識をもっている生徒たちに、自由に、しかも具体的な質問を出させられると思ったわけです。

同じボストン定時制高校で数学を教えているハリス先生は、数学ができなくて、数学恐怖症に陥っている生徒たちによく出会うことがあります。彼女はそれを違った視点で考えてもらうために、直接的な提示をすることにしました。

数学の不安――これによって生徒たちがどのような質問を考え出すかを予想してみたところ、表現が漠然としていると思ったので、次のように変えました。

数学の不安を打ち消す――「打ち消す」という言葉を加えたことで、生徒たちに不安を乗り越えるための積極的な思考を促しています。ハリス先生が行った修正は、能動的な言葉（動詞や動名詞）を加えることで質問の焦点が鮮明になりました。

ミンチェンコ先生も、同じくボストン定時制高校で社会科を教えていますが、似たような経験をしています。短編を読んで、十代の人生の選択とそれがどのような影響をもたらしたかについて考える際の質問の焦点として、一つの単語を選びました。

選択——これだけでは生徒たちが質問をつくるのに苦労していたのを見て、ミンチェンコ先生はその場で修正しました。

私たちが下す選択——言葉を加えたことで、すぐに明確な変化を目にしました。それまで生徒たちは体を後ろに下げていたのですが、すぐに前のめりになり、自分たちがつくり出す質問に興味を示し、たくさんの質問をつくり出すことができたのです。

②質問ではない

あなたは発問をするのに慣れきっているかもしれません。生徒たちも、確実に質問をつくり出すよりも答えるほうに慣れています。したがって、もし「質問の焦点」として質問を使ってしまうと生徒たちは混乱してしまいます。

だからといって、質問を出させるために決して質問を使ってはならないというわけではありません。質問も質問の焦点として使えるのですが、その前に、生徒たちが自分たちの質問をつくり出せる練習を行って、自信をもてるようにする必要があります。

③刺激によって新しい思考を誘発する

質問の焦点を、生徒たちが特定のテーマや課題をこれまでとは違った視点で見られるように（前提を疑えるように）つくることができます。挑発的な要素は、生徒たちに素早くたくさんの質問を出させるのに効果的です。

科学的な方法には必ず従わなければならない――ボストン定時制高校で生物を教えるオストバーグ先生は、当たり障りのない質問の焦点に一つの誘発的な言葉を加えることで大きく転換しました。生徒たちは、自分たちは何かをしなければならないということを聞くのは嫌いなのですが、科学的な方法については広く問いかけることが可能となり、理解を深めることができました。

別の高校で歴史を教えるロスステイン先生は、移民の権利について学習するなかで「ミランダ対アリゾナ州事件(5)」を使って、次の質問の焦点を考えました。

ミランダ警告は、常に容疑者の権利を擁護する――この質問の焦点の「常に」という言葉が、即時に生徒たちに質問を促します。この言葉なしの文章で考えたときと比較してみてください。質問の焦点としては悪くはありませんが、素早くたくさんの質問を生み出す引き金にはなりにくいかもしれません。

④教師の好みや偏見は表さない

質問の焦点の役割は生徒たちに考える自由を提供することなので、教師の好みや方向性を示すようなことは控えなければなりません。これまでにも、教師が欲している答えを見いだすのに忙しく、自ら考えようとしない生徒たちをたくさん見たことがあると思います。そんな過ちを踏襲しないためにも、質問の焦点をつくる際の言葉遣いには気を付ける必要があります。そうしないと、生徒たちは教師が求めていると思う質問を考えるのに無駄なエネルギーを割くことになってしまいます。

たとえば、エマソン(6)やソロー(7)などの作品を読むユニットを扱ったあとに、超絶主義者(8)たちはアメリカの歴史のなかでもっとも深い思考のできる人たちなので、生徒たちを挑発するために次のような質問の焦点を考えました。

超絶主義は、重要でない哲学・思想運動である――これは、教師の意見ではなくても生徒たちはそう思う可能性が高いです。したがって、この質問の焦点は、生徒たちの発散思考を刺激するよりも混乱を招く可能性があるでしょう。代わりに、以下のような質問の焦点にして、安心して質問が出せるようにしたほうがいいでしょう。

アメリカの歴史における超絶主義の重要性――超絶主義の歴史的な影響や、その基準、興味・関心、偏見、意味などを含めて、この質問の焦点についての質問をつくることで生徒たちは、単に模索することが許されただけでなく、教師の見方を疑うという自由も与えられます。

さらに別な方法として、具体的なことからより一般的なことに焦点を変えて質問づくりに挑戦してもらうこともできます。

哲学者の重要性を評価する基準——ユニットの最後にこのような投げかけをされると、生徒たち

（５）（Miranda v. Arizona［384 U.S. 436 (1966)］）容疑者の権利を支持したアメリカ合衆国最高裁判所の判決の一つ。強姦罪・誘拐罪の罪に問われたアーネスト・ミランダが、弁護人を同席させる権利があることを知らされないまま強要された自白内容を根拠にアリゾナ州裁判所で有罪判決を言いわたされた事件に端を発するもので、この事件を契機として、アメリカ合衆国最高裁判所は判決のなかで警察に対し、「ミランダ警告」として知られる告知を逮捕時に行うことを義務づけた。

（６）（Ralph Waldo Emerson, 1803～1882）アメリカの思想家、哲学者、作家、詩人、エッセイスト。無教会主義の先導者。

（７）（Henry David Thoreau, 1817～1862）アメリカの作家・思想家・詩人・博物学者。

（８）（transcendentalism《トランセンデンタリズム》）超絶主義、個人の尊厳と精神の優位を主張した観念論的ロマン主義の総称。一九世紀初頭にアメリカで広まった思想運動。トランセンデンタリズムは「神」という超越的な存在を個人のなかに見て、「自立した自己の精神」をその中心に置く。ここで言う「自己」とは、欲望から解放された本来的自分ということで、自我とは対立関係にある。代表的な超絶主義者には、『森の生活』のデビッド・ソロー、『緋文字』のナサニエル・ホーソンなどがいるが、忘れてはならないのがエマソンである。（http://yung-mindwars.blogspot.jp/2014/02/transcendentalism.html より引用）

はそれまでに学んだことを振り返って、どのように応用可能なのかを考えます。生徒たちに教師からの問いかけ（たとえば、「哲学者の重要性を評価する基準は何ですか？」）に答えさせるのではなく、自分たちで質問をつくらせることで、教師の考え方とは異なる新しい考えが生まれる可能性もあるのです。

四番目の指針を守るのは難しいかもしれません。もし、質問の焦点が教師の好みを反映していたなら、生徒たちが出す質問の方向性を無意識に決めてしまうことになるでしょう。事実、それが教師のやりたいことでもあります。結局のところ、質問の焦点を決定することで、教師が学習目標を設定していることになります。言うまでもなく、教師が一番カリキュラムの全体像が見えており、生徒たちがテストのために準備しなければならない内容も知っているのですから。

ひょっとしたら、生徒たちの思考を特定の方向に導くことを控えたら、教師の責任を放棄していることになるかもしれないと思う人もいるでしょう。しかしながら、四番目の指針を無視して自分の好みや偏見を優先してしまうと、生徒たちの自立的な思考を損なうことになってしまうのです。

次からは、質問の焦点を考え出す目的から評価までの五つの段階をすべて紹介したうえで［六八ページの**表2－1**参照］、そのプロセスに教師たちがどのように取り組んだかを紹介します。

質問の焦点を考え出す

質問の焦点をつくり出す過程は、効果的な発問をつくり出す過程に似ていますが、質問の形で考えるわけではないので最初は練習が必要となります。さまざまな方法がありますが、私たちは**表２－１**に示した五段階がよいと思っています。それは、教師の目的を明確にするところからはじまります。

なぜ、生徒たちに問題をつくってほしいのか？

質問の焦点づくりは、「何を達成したいのか」からはじめる必要があります。生徒たちが質問づくりをする目的は何か？　生徒たちはつくり出した質問をどのように使うのか？

質問づくりは、一つのユニットのなかで、一回でも（異なる目的を設定して）何回でも使うことができます。たとえば、最初はユニットへの関心を高めたり、テーマを提示するために使えます。ユニットのなかほどで生徒たちの理解を評価したり、促進したり、新しい探究の方向づけをしたり、長期間の課題のための準備をしたりするのもいいでしょうし、ユニットの終盤で、今後独自に取り組める可能性についての質問づくりをしたりと、多様な可能性があります。

表２－１　質問の焦点づくりの５段階

①目的を明らかにする	質問の焦点を使って何を実現したいのか？　指導上の目標や達成したい学習成果を念頭に置く。 ・興味・関心を喚起する。 ・新しい考えがもてるようにする。 ・扱う内容の理解度を高める。 ・生徒たちが理解していることについての情報を集める。
②可能なかぎりのアイディアを出す	授業の目的や生徒たちがつくり出した質問で何をするのかを考えながら、質問の焦点として可能なアイディアを書き出す。文章や絵などを使うことも含めて、できるだけ多様なアイディアをリストアップする。どれだけ多様な可能性が出せるかが、効果的な焦点を選ぶ際の鍵になる。 最初に浮かんだアイディアが、あなたの目的のために一番よいとはかぎらない。複数のアイディアを出すことで、それらを比較検討するなかから、授業の目的や基準にかなった焦点を選び出すことができる。 同じアイディアも、異なる方法で生徒たちに提示できないか考えてみるとよい。 文章や視覚的な媒体や他の方法をリストアップする。 ・単純さこそが大切である。 ・文章は短くて、分かりやすくする。
③それぞれの良い点と悪い点を出す	質問の焦点として出したリストを、良い点と悪い点の観点から見てみる。その際、次の４つの評価基準をもっていることが大切となる。 ・明確な焦点がある。 ・質問ではない。 ・新しい思考を刺激し、誘発する。 ・教師の好みや偏見は表さない。 この段階で出されたリストの最初の評価が行われ、あなたの目的を達成するアイディアを絞り込む助けになる。

④４つの基準に照らし合わせて、ベストと思う質問の焦点を選ぶ	たくさんの候補のなかから、あなたの目的と第３段階の基準の両方を満たすベストのアイディアを選び出す。基準が満たせない場合は、他のアイディアの検討に進んだり、表現を変えたりしてみる。それは、言葉を付け加えたり、削ったりする形でできる。もし、基準を満たせるものがあれば次の段階に進む。
⑤生徒たちが考える質問を想像する	自分の目的を満たしてくれる質問の焦点を選んだので、最後にそれを使って、生徒たちがどのような質問を考え出すか思い浮かべてみる。選んだ質問の焦点の効果を生徒たちに投げかけてみる前に、実際に自分で試してみることでイメージがつかめる。自分が考え出した質問を使うことはない。

質問の焦点を考えるためには、生徒たちが質問をつくり出したあとに何をするかを意識する必要があります。生徒たちは探究学習をするのか、作文を書くのか、実験をするのか、読むときの助けとなる質問をつくり出すのか、彼らの思考を喚起するために質問をつくらせるのか、それとも授業を計画するのに役立てたいからなのか、などです。

質問づくりの目的が定まったら次の段階に進みます。それは、可能な質問の焦点のアイディアをできるだけ挙げる、それらの良い点と悪い点を出す、良い質問の焦点に照らし合わせながら実際に採用するものを選択する、そして、それが生徒たちからどのような質問を生み出すかを想像する、という流れになります。

次に紹介する二つの事例は、質問の焦点づくりの過程で二人の教師がどんなことを考えていたかがよく分かるものだと思います。

高校の社会科の授業での質問の焦点づくり

ボストン定時制高校で社会科を教えるピート先生が、どのようにして質問の焦点をつくり出したかを見てみましょう。

彼女のクラスの生徒たちは、ドミニカ共和国の独裁者トルヒーヨ［Rafael Leónidas Trujillo Molina, 1891～1961］が使っていた拷問が描かれている『蝶たちの時代』（フリア・アルバレス／青柳伸子訳、作品社、二〇一二年）を読んでいました。彼女は、拷問の目的とその様子について知ると同時に、それを今の世界で起きているさまざまな事件と関連づけてほしかったのです。

彼女は、テロリストの疑いがある容疑者たちに拷問をするアメリカ人の意識に関するデータを参考にしながら、最初は次のような質問の焦点を考え出しました。

「ピュー研究所(9)の意識調査によると、七一パーセントのアメリカ人（成人）が、拷問は、しばしば、ときどき、稀に正当化されると答えています。決して正当化されないと回答したのは、わずか二五パーセントでした」

これは、効果的な質問の焦点でしょうか？　何の目的のために質問づくりを使うかにもよりますが、もしピート先生が重要な問題についての意識の変化や調査の仕方について教えたかったなら、特定の姿勢を明らかにすることの難しさについて生徒たちに考えさせたほうがいいかもしれません。さらには、調査票がどのようにつくられ、そして調査がどのように行われるのか、またどのようにして結論が導き出されるのかを探究させてもいいかもしれません。

もし、これらを教えることが彼女の目的だったのなら、質問の焦点に具体的な数字を含めたことには効果があったでしょう。しかしながら、この質問の焦点にはたくさんの情報がありすぎます。生徒たちは、何よりも数字にひっかかってしまいます。調査をした機関名や、正当化の各段階（しばしば、ときどき、稀に）にも注意がいってしまいます。それらはすべて、拷問の道徳的・政治的な正当性に焦点を合わせることの妨げになります。

上記の質問の代わりに、ピート先生が実際に使った質問の焦点は以下のものでした。「拷問は正当化できる」――この言葉で、彼女の目的を果すのには十分です。これによって、生徒たちは教師がテーマにしたい拷問の狙いに集中することができ、罰することと拷問することの違いや、正当と認められる行為と非人道的な行為についての質問をつくり出すことができます。第4章と第6章で、生徒たちが実際につくり出した質問を紹介します。

（9）（Pew Research Center）アメリカ合衆国のワシントンＤＣを拠点としてアメリカ合衆国や世界における人々の問題意識や意見、傾向に関する情報を調査するシンクタンク。

高校の理科の授業での質問の焦点づくり

オストバーグ先生は、公害に関するユニットについて考えています。彼女は、生徒たちにこのテーマについて学習することの大切さを理解してもらい、熱心に取り組むことで理解を促進し、そして実際に探究プロジェクトを行ってほしいと思っています。元副大統領のアル・ゴア［Albert Arnold "Al" Gore, Jr. 1948～］が行ったスピーチ(10)のなかの一節が、公害について学ぶことの大切さを生徒たちに理解してもらうために役立つと思いました。

地球温暖化が問題であると思っていない人がたくさんいます。しかし、それは不思議なことではありません。なぜなら、大々的に、しかも極めて組織だって行われているキャンペーンの結果だからです。

地球温暖化の原因になっている温室効果ガス排出を減らすことを断固として拒絶し続ける汚染者たちによって、膨大な額の資金がキャンペーンに注ぎ込まれています。彼らは、もし大気中に温室効果ガスが排出できなくなると、自分たちの利益が得られなくなると恐れているのです。

表２－２　質問の焦点の候補を評価する

良い点	悪い点
・生徒たちはゴアの見方を学べる。 ・質問ではない。	・単純ではない。 ・焦点が絞れていない。 ・今後の展開に直接関係しているとは言い難い。 ・発言者が必要以上に脚光を浴びる。 ・引用文の背景にある科学について質問をする妨げになりかねない。

オストバーグ先生は、このスピーチを使って授業を構成することにしましたが、生徒たちがもっと学べる切り口があるかもしれないと、この引用した部分をさらに注意深く検討することにしました。

この引用文は、特定の目的のためには使えます。生徒たちに、ゴアの発言の政治的な意味合いや環境問題についてのゴアの立場、そして地球温暖化について世界に警笛を鳴らす彼の役割や地球温暖化についての誤った情報について考えてほしい場合には有効でしょう。

彼女はこの質問の焦点を評価して〔**表２－２**参照〕、その良い点と悪い点を挙げてみることにしました。それをしたことで、問題点が多いことが明らかになりました。

引用文は、確かに単純ではありません。それは、今後の展開に直接関係するとは思えないものを含めて、多様な方向に

(10)　http://civic.moveon.org/gore3//webcast.html

生徒たちの思考を向ける可能性があります。アル・ゴアの発言を使うことで、その個人に焦点が定まってしまい、発言の内容から目を逸らしてしまうことになるかもしれません。それではオストバーグ先生が計画している内容から逸れてしまい、彼女にとってはもっとも望まない形になってしまいます。

彼女が望んでいるのは、自分たちが取り組むことになるプロジェクトのテーマについて考え、そして選ぶことです。ゴアの政治的な分析は、生徒たちにとってはあまりにも広すぎるのです。彼女は、もっと焦点を絞る必要性を感じました。

この事例は、質問の焦点を考える教師が学習の目標を設定したり、ユニットの計画をカリキュラム全体の目標に関連づけたり、あるいは生徒たちの関心を特定のテーマに向けたりすることで、自分の役割を果たそうとしていることを見せてくれています。生徒たちが自ら質問をつくることでパワーを一時的に生徒たちに提供していますが、教師は指導全体のリーダーとしての役割を維持しています。

結果的に、ゴアの演説を使う代わりに、オストバーグ先生は以下のような質問の焦点のアイディアを考え出しました。

・公害。

・公害はボストンの住民に害を及ぼしている。

・アースデイ（地球の日）によって公害問題の影響が認知された。
・公害が有害という根拠を示せ。
・公害は地球を破壊している。
・公害についての二つか三つのイメージ。

彼女は、これらのアイディアの良い点と悪い点を書き出してみました［**表２－３**参照］。先に挙げた四つの基準を踏まえて、それらの良い点と悪い点を検討した結果、彼女が質問の焦点として使うことに決めたのは「公害はボストンの住民に害を及ぼしている」でした。この質問の焦点は、四つの基準のうちの二つを完全に満たしており、問題の緊急性や身近さも提供してくれているからです［**表２－４**参照］。

質問づくりの最終段階として、オストバーグ先生は生徒たちが思いつくかもしれない質問を考えてみました。たとえば、以下のようなものです。

・どんな公害が住民の害になっているのか？
・どのように害になるのか？
・ボストンのどこがもっとも被害が大きいのか？
・公害に対してどう対処することができるのか？

表２－３　６つの質問の焦点における良い点と悪い点

	良い点	悪い点
1. 公害。	単純明快。生徒たちはすでにたくさんの情報をもっているはず。	広すぎて焦点が絞れない。
2. 公害はボストンの住民に害を及ぼしている。	自分たちの地域について考えることを求める。	対象を絞り込みすぎかも。
3. アースデイによって公害問題の影響が認知された。	それが実現していないアースデイの写真を昨日見た。	広すぎる。
4. 公害が有害という根拠を示せ。	実験向きの投げ掛け。自分たちがどのようなテーマを、どのような理由で実験したらいいかを考えるのにはよい。	あまりにも課題に結び付きすぎている。これの代わりに、「公害は有害だ」ないし「公害は有害とは言えない」のほうが効果的かもしれない。
5. 公害は地球を破壊している。	探究に焦点が絞りやすい？　これまでに扱った内容についても思い出させるだろう。	必ずしも、アイディアを絞り込むのに役立たないかもしれない。自分たちの地域とは関係のない一般論としての話になりやすい。
6. 公害についての２つか３つのイメージ。	異なるメディアが使われる可能性が高い。	選択肢が広すぎる。どのイメージが適当か判断するのが難しい。

表２－４　質問の焦点を４つの基準で評価する

評価する質問の焦点は「公害はボストンの住民に害を及ぼしている」

質問の焦点は基準を満たしているのか？

４つの評価基準	はい	いいえ	どちらとも言えない
明確な焦点がある	○		
質問ではない	○		
新しい思考を刺激し、誘発する			○
教師の好みや偏見は表さない			○

オストバーグ先生はさらに一歩進めて、自動車、工場、富栄養化などの公害の種類についても考えてみましたが、生徒たちは同じ質問の焦点を使うことで、これらについても探究することが確認できました。第４章で、生徒たちが実際に考え出した質問を紹介しています。

質問の焦点を考える際の問題と対処法

効果的な発問を考えるときと同じように、練習をすればするほど質問の焦点もうまくつくれるようになります。以下が、その際のヒントとなります。

❶目的を一つに絞り、できるだけ質問の焦点を単純にします。質問づくりは柔軟なので、異なる質問の焦点を一つのユニットの違う段階で使うことができます。

❷できるだけたくさんの質問の焦点となりえるアイディアを出します。四つの基準に照らし合わせて、その妥当性を評価するステップを忘れないでください。

❸質問の焦点に対して、実際にどのような質問が考え出せるか、少なくとも二つか三つは出してみましょう。

❹代替案を用意しておきましょう。質問の焦点の代替案を事前に考えておきます。ベストだと思った質問の焦点で、生徒たちがうまく質問をつくれないときの助けになります。

❺教師の好みや偏見を質問の焦点に含めないようにすることが、四つの基準のなかで一番難しいので注意しましょう。必要以上に気にする必要はありませんが、心に留めておいてください。実際に、質問の焦点を使ったあとに振り返ることが大切です。必要以上に方向性を示しすぎたか、それとも示さなかったかを考えて、次回以降の質問づくりのなかで修正すればいいのです。

❻もし、文章ではなくて写真や図や式などを質問の焦点として使うときは、それらの提示の仕方をあらかじめ考えておくようにしましょう。そうした視覚的な資料とは別に、どのような言葉や説明を使って生徒たちに提示するかが大事だからです。そうでないと、生徒たちは何を期待されているのかはっきり分からず、うまく質問をつくることができません。当然のことながら、説明の際に使う言葉も四つの基準を満たす必要があります。

まとめ

さて、生徒たちに質問をつくりはじめてもらう用意ができました。でも、その前に質問づくりをする際のルールの重要性と態度について考えてもらう必要があります。

重要なポイント

・よい質問の焦点のつくり方は、効果的な発問のつくり方に似ている。
・質問の焦点は、生徒たちが質問をつくりやすくなるように設定する。
・質問の焦点は、教師が設定する目的と、ユニットや授業のどこで質問づくりを使うかという判断に大きく左右される。
・よい質問の焦点をつくるためには、できるだけたくさんの候補を挙げて検討したほうがよい。

第3章

質問づくりのルールを紹介する

「自分が質問をするということは、自分に対してチャレンジするということです」

ここまで、質問づくりを使うことの意義と、それがどのように自分の指導計画に役立つかということについて考えてきました。また、生徒たちが質問づくりをするために必要な質問の焦点についても考えてきました。さて、次はどうすればいいのでしょうか？

発散思考によってつくり出される魅力的で、しばしばとらえどころのない成果物としての新しいアイディアと、より幅広い思考を可能にする質問づくりのルールとの間にはどのような関係があるのでしょうか？　長い試行錯誤の末に、私たちは不必要な要素を取り除いて、発散思考を可能にするための四つの項目に絞り込むことができました。質問の焦点の用意ができたら、次にすることは質問づくりのルールを生徒たちに紹介することです。

❶できるだけたくさんの質問をする。
❷質問について話し合ったり、評価したり、答えたりしない。
❸質問は発言のとおりに書き出す。
❹意見や主張は疑問文に直す。

これらは、生徒たちが質問をつくるための有効なツールです。一見すると簡単そうに見えますが、とても大切なことです。生徒たちは一目見て、あまり重要とは思わずに次の指示を待つことでしょう。

表３－１　質問づくりのルールを使うことで現れる成果

ルール	達成されること
1. できるだけたくさんの質問をする。	質問する許可を与える。
2. 質問について話し合ったり、評価したり、答えたりしない。	安心・安全な場が提供される。
3. 質問は発言のとおりに書き出す。	皆同じレベルで、すべての質問と声が尊重される。
4. 意見や主張は疑問文に直す。	主張するのではなく、質問すること。そのための表現が大切にされる。

でも、見かけにだまされてはダメです。ルールは長年かかってつくりあげられました。四つに絞るのに七年もかかっているのです。その間、私たちは発散思考を促すたくさんの方法を試し、それらを投げ捨ててきました。

私たちの目標は、アインシュタイン［Albert Einstein, 1879～1955］が言ったように、「もうこれ以上は無理というほど単純にすること」でした。それに対してユング［Carl Gustav Jung, 1875～1961］は、「それは簡単にできるかもしれない。もし、単純であることがもっとも難しいことでないのなら」という独自の見解をもっていました。

たぶん、私たちが四つのルールに絞ることでやろうとしていたことは、世界的なチェリストのヨー・ヨー・マ［馬友友・一九五五～］の師匠である作曲家アール・キム［Earl Kim, 1920～1998］が「最大限にするために、すべてを最小化する」と言った金言にもっとも近かったと思います。最終的にこれら四つが、教師や生徒たちにたくさんのルールで重荷を負わせずに、一貫して同程度ないしはより良い結果を生み出すルールになったと私たちは確信しています。

この四つが、個別に、効果的な質問づくりの行動を促進します［前ページの**表3－1**参照］。そして、それらが一緒に使われると結果は著しいものとなり、生徒たちの取り組みと思考の深さは劇的に改善されます。

私たちはさらに単純化しようとして、ルールの一つを除いてやったこともありますが、成功しないことに気付きました。四つのうち一つでも欠けると、質問づくりを台無しにしてしまうのです。魔法が消え去って、思考が詰まってしまうのです。

質問づくりのルールを実行することの価値と難しさを話し合う

ルールと発散思考の相性はいいのでしょうか？　一見すると、対極にあるように思えます。ルールが制約を課しているのに対して、発散思考は多様な方法へ向けた臆測や開放的な探究を励ましているのですから。

生徒たちを新しい知的課題に取り組ませたいとき、しかも重い負荷をかけ、新しい方法で伸ばしたいときは、その過程を導く枠組みがあったほうがいいのです。質問づくりのルールは発散思考に枠組みを提供するだけでなく、生徒たちに、教師の質問に答えるのではなく自ら質問をつくり出すという自信のないことに取り組む際に生じる不安感を減らしてもくれるのです。

質問づくりのルールは、相互に補完し合うことで他のルールをより強固なものにしています。生徒たちの発散思考を可能にする、その役割の詳細について見ていきましょう。

ルール１　できるだけたくさんの質問をする

このルールは極めて明快です。「はい、質問をしてください」これ以外に、どういう言い方があるでしょうか？　しかしながら、これまでにした痛い失敗や常識が、それほど単純な作業でないことを示しています。

自動車修理工や弁護士、聴診器を持って白衣を着ている人の前に立たされると、決して単純でないことが分かります。自分の専門外のことで質問をつくり出すことは、とても難しい知的な課題となります。それは、長年にわたる専門的なトレーニングと経験によって磨かれ、試される能力でもあります。専門家とは、いかなる分野であろうと、単にたくさんの知識をもっている（答えが言える）だけでなく、何を問えばよいかを知っている人のことを言います。

ですから、これが最初のルールとなります。もし、このルールだけが提示されたら、何をしたらいいのか分からず、うつろな表情を見せる生徒が出てくるかもしれません。でも、そのほうが、「どういう意味ですか。質問をつくれって言うんですか?! それはあなたの仕事でしょう」と言って困惑したり、苛立ったり、怒り出したりする生徒よりはマシかもしれません。

このような反応をする生徒は正しいのかもしれません。彼らがこれまで受けてきた教育では、質問をつくるのは常に教師の役割だったわけですから。そしてあなたも、これまではそれが教師の役割だと思ってきたはずです。

したがって、「できるだけたくさんの質問をする」というルールだけでは、実際に生徒たちに質問をつくってもらうには不十分となります。それでは、これだけで何を達成することができるのでしょうか?

生徒たちのなかには(おそらく、すべての生徒ではありませんが)、これによって視点を変えられる子どもたちがいます。どのクラスでもそのような生徒たちは、最初に生じるしばしの沈黙と抵抗の時間をすぎると、解き放たれたように頭を回転させはじめます。その子どもたちの目を見ると、「これは楽しい!」、「なぜ、こういうチャンスをこれまで提供してくれなかったの!」と言っているかのようです。

押さえつけられていた知的なエネルギーが解放されたのです。このルールは、生徒たちに質問する許可を与えているのです。

ルール２　質問について話し合ったり、評価したり、答えたりしない

最初のルールは質問づくりをはじめるのに必要なことですが、すべての生徒が解き放たれるわけではありません。まだ手助けが必要です。そこで、二番目のルールが役に立ってきます。「ルール１」で生徒たちに質問をする許可を与えたわけですが、「ルール２」はしばらくの間、つくられた質問について話し合う権利を奪うことになります。言ってみれば、「ルール１」は肯定的な指示ですが、「ルール２」は三つの否定的な指示によって構成されています。

話し合いはしない（効率性のツール）——二番目のルールは不自然な行動を求めます。質問が出されるのに、誰もそれに反応したり、話し合ったりしてはいけないのです。この段階では、次々と質問をつくり出すことが求められます。質問が出されるたびに、常にこのルールが適用され、もっとたくさんの質問をつくることだけが要求され、話し合いは許されません。

なぜでしょうか？　それは、「できるだけたくさんの質問をする」という「ルール１」が設定した質問づくりの流れを止めてしまうからです。これは、これまでの私たちの経験に基づいたものです。会議などで最初の質問が出されると、その質問に関して延々と話し合いが続く傾向があります。みんなが疲れきって発言が出なくなったときに、間違った質問に時間を費やしていたのではないかと気付くこともしばしばでした。

質問づくりに集中してその質問に答えないというのは、一見遠回りをしているように感じることでもありますが、結果的には近道をしているのです。なぜなら、生徒たちにとって価値の低い質問の話し合いには時間を費やさないからです。もちろん、どの質問が話し合う価値があるのかどうかについては、たくさんの質問をつくってから、次の段階で検討してみないことには教師も生徒たちも分かりません。

評価はしない（均等化の力）――「ルール２」では、効率性以上のことを追求していきます。評価しないということは、生徒たちがこれまで頻繁に体験させられたり、誘導されたりすることがないようにするための強力な力となるのです。

「評価しない」という項目は、ほとんど質問をしたことがない生徒や、自分の質問が尊重されなかったという経験をもつ生徒を観察することから生まれました。質問をするということは勇気のいる行為です。「それは、おかしな質問だ」と言われたり、（さりげなく、本音あるいは教育的配慮なのかは分かりませんが）「でも、こんなふうに考えたほうがいいんじゃない」、あるいは「こういうような質問で……」といったような反応をされると、次に質問する勇気がくじかれてしまうものです。

いずれにしても、評価されることによって思考停止状態に陥りやすいのです。しかも、それは頻繁に起こります。教室であろうと、職員室であろうと、会社の会議室であろうと、発した質問に対してすぐに評価が下されることで気まずい空気が充満してしまうのです。これは、学力テストの点数がよい生徒も、読むことが嫌いなことを自他ともに認めている生徒も同様に馬鹿にされたくないので、評価が下されることによって思考を停止させてしまうのです。

「ルール2」は、このような空気を変えるものです。さらには、評価されることを嫌って、「馬鹿に聞こえるかもしれないけど……」や「おかしな質問かもしれないけど……」と前置きをする必要もなくなります。このルールによって、意図的ではなくても、顕著に存在している自立的な思考を停止させている場の空気を改めることができます。

質問に答えない（アイディアを常に開放した状態に）——クラスメイトからの意地悪なコメントは質問を発した生徒をおじけづかせてしまいますが、それをやめさせるより効果的な方法があります。それは、質問に答えないことです。

一つの質問について話し合うことがたくさんの質問をつくる妨げになったように、質問に答えてしまうと同じく妨げになります。それは、誰もが知っているような些細な回答の場合でも同じです。もちろん、誰かにとって疑う余地のない答えが、ほかの人たちにとってはそうではないこともあります。そのような「単純明快」な答えが全体のプロセスを台無しにしてしまうのです。

生徒たちが質問に対して答えを考える時間は設定されていますが、今はそのときではありません。今は発散思考をするときで、答えることよりも質問することのほうが大事なのです。許されているのは質問をすることだけです。

「話し合いはしない」「評価はしない」「質問に答えない」という三つの否定的な指示によって、わずらわされることなく安心して質問づくりに取り組める場がつくり出されているのです。

ルール3　質問を発言のとおりに書き出す

何十年もの間、教師は生徒たちが言ったことを、指導と学習の目標により適するように言葉を加えたり、取り去ったり、換えたりし、必要があれば質問の中身まで変えてしまうことを教え込まれてきました。時には意識的に、時には習慣として、教師たちは生徒たちに代わって考えてしまっているのです。

教師を助けることを目的として、各教科において書くスキルを育てたいと考えている団体「ボストンは書く（Write Boston）」のコーチであるステイニッツさんは、このルールの大切さに気付いて驚きました。

「私は大学も含めてすべての教育段階で教えたことがありますが、生徒たちの質問をいつも変更していたことを思い出します。『あなたが本当に質問したかったのは……』とか『あなたが質問しようとしたのは……』と言ってみたり、生徒の許可を得ずに一つか二つかの言葉を変えたり、完全にすり替えた質問を黒板に書き出していました」

自分のしていたことを思い出しながら彼女は、「実は、私は質問を改善していたのではありません。私が尋ねてほしい質問に変更していたのです」ということに気付いたのです。彼女だけでなく、多くの教師がそうすることがよいことなのだと教えられ、一人の生徒が発した質問をクラス全員で考えるに値する質問に変更してしまっているのです。

スティニッツさんが語ってくれたように、質問を変更することは伝統的なもので、悪気もなく善意をもって続けられている行為です。「ルール３」はそれを改めるものです。このルールは、出された質問を尊重し、正当性をもたせます。そして、質問を発した生徒の自信を強めることにもなります。

またこのルールは、自分たちこそが質問を考えたのだという意識を生徒たちにもたせ、みんなの声に価値があることを認めます。基本的に、このルールは条件を平等にすることで、すべての質問と声を尊重することになるのです。そして生徒たちは、このルールを知ることで互いに助け合うことができ、記録係だけでなく、全員が発言されたとおりに質問を書き出す責任を負うことになります。

ルール4　意見や主張は疑問文に直す

ボストン定時制高校のある教師は、最初にこのルールを見たとき、「これはおかしなルールだわ。質問をすることが目的なのに、なぜこのルールが必要になるの？」と言いました。

確かに、おかしなルールに見えるかもしれません。でも、多くの人にとって、自分は質問をしているつもりでも主張をしていることが少なくないのです。言い回しや質問形態のいい加減さが、意図的な表現と探求的な表現を区別しづらくしています。

たくさんの研修会においてですが、学歴の高い低いは関係なく、主張している人が自分では質問をしているつもりでいるということが繰り返し起こっています。生徒たちも同じです。口にしたことについて知りたいので、質問形で意見を述べたと思い込んでしまうのです。また、自分の知りたいことを疑問形で出すことがとても難しいものだと思っています。

このような習慣を改めることはできるでしょうか？　容易ではありませんが、このルールが助けとなります。質問のような主張と本当の質問の違いについて見てみましょう。

なぜ起こったのか、誰も説明してくれない——この事例が難しいのは、「なぜ」という言葉が含まれているからです。でも、これは質問ではなく主張です。それも、不確かなものです。生徒たちはこのルールがあることで、主張をばらして質問がつくれるようになります。機会さえ提供されたら、次のような二種類の質問が出せるようになるでしょう。

・なぜそれが起こったのか、誰か説明してくれませんか？

・なぜ起こったのですか？

時には、文章の最後にアクセントを置くことで質問文にしたと思うこともあります。たとえば、「課題は難しいです？」という形です。でも、質問形にすることを強く求められたら、「課題は難しいですか？」と変更することができます。そしてさらに、「課題は、どのくらい難しいですか？」となる可能性もあります。

質問づくりのルールは、その質を評価するものではありません。あくまでも、質問が出されることを確実にするものです。「ルール4」は、主張ではなく、質問の言い回しや問い方に関係しています。

質問づくりのルールを紹介して話し合う

教師には、質問の焦点を提示する前に、質問づくりのルールの価値とそれを守ることの難しさについて話し合いを進めるという役割があります（**表３－２**は、この話し合いをする際の教師と生徒の役割を示しています）。これを行うことで、生徒たちは新しい質問づくりの考え方とやり方を自分のものにすることができます。これはまた、ルールが自分たちの質問づくりにどのように役立つのかを考えることによって、メタ認知思考の練習にもなります。

生徒たちが質問づくりを初めて体験するとき、これにかける時間は五〜七分ぐらいを予定してください。二回目以降はルールを簡単に振り返るだけなので、もっと短い時間で済むでしょう。

ルールを紹介する

次のような手順で紹介していきます。

①ルールの話し合い――たとえば、以下のいずれかを使って、どのように話し合いをするかを決めます。

・生徒たちは個別に、二〜三分間ルールについて考える。そのあとで、小グループで話し合うか、クラス全体で感想を述べ合う。

表３－２　ルールについての話し合いをする際の教師と生徒の役割

教師の役割	生徒の役割
・ルールを紹介する。 ・ルールを守る難しさについて話し合いを進行する。	ルールに従う際の難しさを考えて発表する。

・三～四分、小グループでルールを話し合う。その際、一人は記録係を務めると同時に自分の考えも述べる。小グループの話し合いのあと、クラス全体に報告するのは記録係かほかのメンバーが行う。

・クラス全体で、最低でも五分間はルールについての話し合いを行う。あとでルールの必要性を振り返ったり、確認するときのために、生徒たちの発言を記録に残したほうがよい。

②質問の焦点――質問づくりをするための質問の焦点を提示する必要を、生徒たちに知らせます。

③ルールの紹介

・一回目――ルールを振り返り、それに従うことの難しさを挙げさせたり、クラス全体で話し合います。

・二回目以降――質問づくりをするたびに、ルールを振り返って確認します。

求められていることを確認する

生徒たちはブレーン・ストーミングをすでに知っているかもしれませんが、たくさんの質問づくりに焦点を合わせた体験はもっていないと思います。したがって、質問づくりのためのルールが意味することをしっかりと理解するために、生徒たちには二～三分の時間が必要になるでしょう。これはメタ認知思考の練習にもなります。

とくに質問づくりを最初にするときは、個別のルールと、その四つすべてを守ることの難しさについて考える時間が必要です。生徒たちは、実際に自分が質問づくりをしているところや、今までとは異なる形で考えているところをイメージします。具体的には、質問に答えてしまったり、無意識に評価を下したり、話し合ってしまう習慣をやめることなどです。

とにかく、質問の焦点を提示する前に、ルールについてしっかりと話し合うことが大切です。もし、質問の焦点を先に聞いてしまうと、それについて考えはじめてしまい、ルールが求める変化を自分のものにすることができなくなってしまいます。

ルールを話し合う

小グループでの話し合いであろうと、クラス全体で話し合おうと、ルールに従うことの難しさに対して多様な意見が出されることでしょう。なかには、特定のルールが「他のルールよりも守るのが難しそう」と発言する生徒がいるかもしれません。意見の一致を図ることが目的ではありませんから、異なる意見が出されることは問題ではありません。目的は、ルールの内容について知り、それが質問づくりの際にどのように役立つのかを意識することです。生徒たちは実際に質問づくりをするとき、ルールに従うことの難しさを認識することになるでしょう。

質問づくりのルールについて話し合いを進行する際の、具体的な方法をいくつか紹介します。

最初の事例は、それぞれのルールを守る難しさを評価し、その理由も書き出すという方法です。二番目の事例は、まずルール全部を読み、もっとも守るのが難しいルールを一つ選んで、その理由を書くというものです。

事例１　個々のルールの難しさを評価し、理由も書く——それぞれのルールに対して、「このルールを守るのは簡単ですか、それとも難しいですか？　その理由は何ですか？」を書き出していきます。次ページの**表３－３**を使うといいでしょう。

この事例の魅力は、生徒たちが一つ一つのルールについてしっかり考えることです。以下に、二人の生徒（ＡとＢ）の書き込みの例を示します。

1. できるだけたくさんの質問をする。

　　Ａ　簡単～質問はどんどん浮かんでくるから

　　Ｂ　簡単～私たちはたくさん話すから

2. 質問について話し合ったり、評価したり、答えたりしない。

　　Ａ　難しい～なぜなら、答えをすぐにほしがるから

　　Ｂ　難しい～話し合うのが好きだから

表3－3　ルールの難しさを評価する

<table>
<tr><td colspan="2">1. できるだけたくさんの質問をする。</td></tr>
<tr><td>簡単
難しい
分からない</td><td>なぜか？</td></tr>
<tr><td colspan="2">2. 質問について話し合ったり、評価したり、答えたりしない。</td></tr>
<tr><td>簡単
難しい
分からない</td><td>なぜか？</td></tr>
<tr><td colspan="2">3. 質問は発言のとおりに書き出す。</td></tr>
<tr><td>簡単
難しい
分からない</td><td>なぜか？</td></tr>
<tr><td colspan="2">4. 意見や主張は疑問文に直す。</td></tr>
<tr><td>簡単
難しい
分からない</td><td>なぜか？</td></tr>
</table>

３．質問は発言のとおりに書き出す。
Ａ　難しい～言ったとおりにすべて書き出すのは難しい
Ｂ　分からない～たくさんの質問を書き出すのは難しいかもしれない

４．意見や主張は疑問文に直す。
Ａ　簡単～言い直せばいいだけだから
Ｂ　分からない～主張が本当は何を言っているのかが分かりづらいから

事例２　**もっとも守るのが難しいルールを選ぶ**――「これらのなかで守るのが一番難しいルールはどれですか？」。次ページの**表３－４**を使ってください。

この事例のいいところは、ルールのすべてを考えたうえで、生徒たちが相互の難しさを比べるところにあります。生徒たちの典型的な反応を紹介します。

１．できるだけたくさんの質問をする。
・何を質問したらいいのか分からない。
・質問することがない。
・質問だけを考えるのは難しい。

2. 質問について話し合ったり、評価したり、答えたりしない。
・考えている間に話したくなってしまうかもしれない。
・誰かが質問したら、答えたくなってしまうと思う。

3. 質問は発言のとおりに書き出す。
・聞いても、言葉を聞き逃してしまうから難しいかもしれない。
・編集しないというのは難しそう。

4. 意見や主張は疑問文に直す。
・主張の種類によっては難しいかもしれない。
・主張と同じ意味の質問を書き出すのは難しい。

生徒たちがルールについて考えて話し合うための質問や活動はいろいろあります。いずれにしても、

表３－４　ルールを守るのに一番難しいのはどれか？　その理由は？

1. できるだけたくさんの質問をする。 2. 質問について話し合ったり、評価したり、答えたりしない。 3. 質問は発言のとおりに書き出す。 4. 意見や主張は疑問文に直す。
選んだ理由を説明しなさい。

質問づくりを最初に（あるいは二回目に）するときは、質問づくりのルールについて話し合うことを絶対に忘れないでください。話し合うことで、質問をつくり出すときにルールがどのように役立つかを考えさせてくれるはずですから。

ルールについて話し合う際の問題とその対処法

次に、ルールについて話し合う際に直面するかもしれない問題と、それへの対処法をアドバイスします。

生徒たちがルールに従う難しさをまったく見いだせないとき

生徒たちがルールを守る難しさを感じないとしても、心配しないでください。なぜなら、今の段階で行っていることはまだ抽象的なことですから。実際に質問をつくり出す段階では、それらのルールに従うことになり、その難しさ（と必要性）がよりはっきりと見えるようになります。

今の段階でまったく難しさを見いだせないときは、次のような問いを投げかけてみてください。

・これらのルールと、普段のやり方との違いは何ですか？

（一つないし、いくつかのルールを特定したうえで）
・これが質問づくりにどう役立つと思いますか？
・このルールに従うことで何か違いが出ると思いますか？

ルールに従うことの難しさの大事なポイントを見逃してしまったとき

質問づくりのなかで、ルールについてもう一度考える機会があります。何を見逃したかについて、生徒たちに伝えることにはまったく意味がありません。大切なことは、生徒たちが自分で考えることです。

ルールについての話し合いは、これから教師と生徒たちがどのように協力して質問をつくり出すかのお膳立てとなります。もし、教師が話をしてしまったら、それがこのルールを話し合うことの目的であり、もっとも変えたいことであるにもかかわらず、生徒たちはこれからも教師が指示してくれるものと思い込んでしまうでしょう。

ルールについて意見の一致が見られないとき

目的は、ルールを多様な視点から考えて、異なる意見を受け入れることです。実際に、ルールが簡単か難しいかという合意を得ることはできないでしょう。多様な意見に対して、それらを出してくれたことに対して「ありがとう」という言葉とともに認めてあげればいいのです。

まとめ

生徒たちはルールを通して、質問づくりの際にどのように行動すべきかを知りました。次の段階は、質問の焦点を提示し、実際に自分たちで質問づくりを行います。

本章の重要なポイント
・この段階にかける時間は五～七分と短い。
・生徒たちは、小グループかクラス全体で話し合う。
・全体の流れのなかで、この部分は大事なので省かない。

第4章

生徒たちが質問をつくる

「たくさんの質問をすることで、よりたくさんの考えが浮かび、学びを広げる助けになる」

いよいよ、生徒たちが質問づくりをする段階です。それは、グループワークに真剣に取り組むことを意味します。教師たちはこれまでに、グループワークがいかに素晴らしいか、そしていかに難しいかを体験してきています。でも、これまでと違って今回は新しい挑戦なので、ちょっと難しいと思うかもしれません。確かに、生徒たちはこれまでにしたことのないたくさんの質問のリストをつくり出すことに挑戦します。

本章では、三人の先生のクラスで質問づくりをした生徒たちを紹介します。ここでの主役は、白い紙を囲んで小グループになった生徒たちです。短時間で彼らは、その用紙を自分たちの考えや新しい思考プロセス、またはこれまで口に出したことのないアイディアなどが反映された質問のリストでいっぱいにします。

教師の役割——生徒たちの質問づくりを促進する

ボストン定時制高校のピート先生は、卒業間近の一二年生を対象にした社会科の授業で教材となっている小説の道徳的テーマを二五人の生徒たちがより深く理解できるように、初めて質問づくりを使って教えようとしています。また、オステバーグ先生は、生物のカリキュラムのなかで、観察される現象をとらえやすくするために一二人の生徒たちと質問づくりをしようとしています。そしてデュプイ先生は、六年生(1)の理科の授業で、生徒たちがサイエンス・プロジェクトのテーマを決めるのを助けるために質問づくりを使おうとしています。

それぞれのクラスで生徒たちは、以下に挙げた三つの形態のサポートを教師から得ることで、面白く、真相を見抜くような質問をたくさんつくり出しました。

❶質問づくりのルール――質問づくりをはじめる前に、個々人で考えるか話し合う形で行います。
❷質問の焦点――質問づくりをはじめる前に提供します。
❸生徒たちが質問づくりをしている五〜七分の間、教師は質問を出し続けることを促したり、ルールが破られた場合には、そのことをやさしく指摘します。

質問づくりを初めて行うときは、生徒たちには最低でも五分間、質問づくりをするための時間を提供するのがよいでしょう。繰り返し練習することで、短い時間でも質問づくりができるようになります。質問づくりは、具体的には以下のような手順で行います。

---

(1)　日本では中学一年生に相当する。一般的には、六〜八年生が中学校で、九〜一二年生が高校。

①クラスを三〜五人のグループに分ける――もし、ルールについての話し合いを小グループで行ったのなら、同じグループでやるのがいいでしょう。各グループで、記録係を確保する必要があります。

②質問の焦点を提示する――必要に応じて、焦点を繰り返して言うのが効果的ですが、それを説明することはしません。

③質問づくりをはじめるように指示する――ルールを守ることがいかに大事かを強調します。番号をつけながら質問を書き出させます。質問づくりに費やす時間も事前に知らせたほうがいいでしょう。基本的には、次の段階で使えるリストをつくるには五分もあれば十分です（しかし、必要に応じて臨機応変に伸ばすことも大切です）。

④質問づくりをする生徒たちを見守る――積極的につくり出しているか、ルールを守っているかをチェック

表４－１　教師と生徒の役割

教師の役割	生徒の役割
・質問の焦点を提示する。 ・時間を設定する。 ・小グループで質問づくりをしている生徒たちを観察し、ルールを思い出させる。 ・残り時間を知らせる。	・記録係を決める（記録係も質問を出す）。 ・質問づくりのルールを守りながら、できるだけたくさんの質問を出す。 ・記録係は、質問に番号を振りながら言われたとおりに書き出す。 ・記録係以外の生徒も発言どおりに記録することを助ける。

します。問題を見つけたとき（たとえば、話し合いをはじめてしまったグループがあったとき）は、質問づくりに集中するように促します。例を挙げたり、質問を言ってあげるような形ではサポートをしません。生徒たちが、次の段階に必要な質問をつくり出しているかどうかを確認し、まだの場合は頑張るように促します。

表4－1に、この質問づくりの各段階の教師と生徒の役割をまとめましたので参照して下さい。

事例1　**理科に重点を置いている都会の高校での質問づくり**

教科——社会科　　クラスの人数・二五人

質問の焦点——拷問は正当化できる

質問づくりを使う目的——クラスの生徒たちは、小説『蝶たちの時代』を読んでいます。そのなかでは、政治的な目的に使われる拷問が重要な位置づけとなっています。生徒たちは、小説が扱っているテーマをより深く理解するために質問づくりを行い、それらをのちの討論において使います。

ボストン定時制高校のピート先生は、質問づくりを初めて使おうとしています。新しいことに初めて挑戦するという難しさに加えて、生徒たちは卒業パーティーを含めた高校生活最後の段階となる慌ただしい時期でもありました。

この学校に通う生徒たちは、家族、出身中学校、地域において成功の象徴となる子どもたちでした。なかには、数年前にアフリカやカリブ諸国から移民としてやって来たばかりの生徒も何人かいましたが、みんな一二年間の学校教育を無事に終えるところでした。ほとんどの生徒が大学への入学も決まっていました。

ピート先生は質問づくりのルールについて考え、話し合う必要があると判断しました。

「ルールは単純だけれど、生徒たちがそれを理解して、通常のクラスの話し合いのときとは違った形で行動できるかどうかが分からなかったし、『拷問』に焦点を当てたテーマも簡単じゃないと思ったからです」

確かに、生徒たちのなかには、「拷問」を抽象的な事柄としてではなく、実際に行われている国から来た人もいました。自分には生々しすぎる、と思う生徒も少なくないと思います。そこで、生徒たちが自分の主張を述べたり、異議を唱えたり、議論したりしないで、質問づくりに参加できるだろうかとピート先生は考えたのです。以下に示すのは、ピート先生が質問づくりを導入した際の具体的な流れです。

ルールの話し合い

先生がまず行ったことは、クラスを四～五人のグループに分けることでした。それから、四つのルールが書かれた用紙を配りました。用紙をじっくりと注意深く見る生徒たちがいる一方で、見るのをすぐにやめ、肩をすくめて「だから何？」と言っているような生徒もいました。

少し時間を与えてから、「これらのルールを守ることの難しさは何でしょうか？」と尋ねて、グループでそれについて手短に話し合うように言いました。

この小グループでの話し合いは、自分たちでどれぐらいできるのかを見極めるリハーサルのようなものでした。すぐに、各グループの取り組みと参加の仕方に明らかな違いが見られました。「ルール1」（できるだけたくさんの質問をする）について、「何を聞いていいのか分からない」といった問題について話す生徒が何人かいましたが、多くの生徒たちは「ルール2」（質問について話し合ったり、評価したり、答えたりしない）に焦点を当てていました。

一人の女子生徒が、「もし、自分にとって興味のある質問を聞いたらすぐに答えたい。あとで話し合うまでなんか、とても待てないよ」と言いました。別のグループの男子生徒も、「次に進む前に答えがほしいな」と、同じような気持ちを表していました。

「ルール3」（質問は発言のとおりに書き出す）や「ルール4」（意見や主張は疑問文に直す）まで話し合えたグループはありませんでした。この時点では、ルールは生徒たちにとって極めて抽象的なものでしかありません。また、主張を質問に切り換えることもしていませんし、自分たちの質問を編集したり、修正したりする体験もしていませんでした。これらのルールが意味をもつ存在になるのは、実際に質問づくりをして、ルールを守れなかったときです。その時点で、ピート先生はルールの重要性が強調できたと言えます。

この初めの話し合いには五分ほどがかけられ、最後に、それぞれのグループで話し合った内容を報告者役の生徒がクラス全員に紹介しました。

質問の焦点を提示

いよいよ、生徒たちが自分たちの質問をつくりはじめるときです。ピート先生は、各グループに用紙とカラーマーカーを配りました。そして、「あなたたちは今から質問を出します。私が質問の焦点を提示したら、それについての質問を考えて、できるだけたくさん出してください」と言って、プロジェクターを使ってスクリーンに「**拷問は正当化できる**」という質問の焦点を映し出しました。

生徒たちがこの文章を理解するのを待ちました。すると、いつもの授業のように何人かの生徒の手が挙がって、「何を期待しているのか説明してください」と尋ねてきました。しかし彼女は、「質問づくりのルールに従って、質問をつくってください。話し合ってはいけません」と言って、生徒たちに質問づくりをはじめるように促しました。

質問づくり

各グループが質問をつくりはじめました。どんな質問が出されたのか、そのまま紹介します。

グループ1――このグループは、ジャスミン、カンディス、ティファニ、カルメンの四人の女子で構成されていました。ティファニが記録係で、すぐにはじめました。

ティファニが紙の上に質問の焦点を書き上げると、ジャスミンが「拷問をどう定義するのか？」と言いました。この最初の質問は、みんなにとって大きな問いとなりました。拷問の定義は、法律の専門家、国会議員、人権委員などが長年にわたって取り組んできた課題だからです。それにもかかわらず、専門家や議員たちの間では拷問の定義において合意が得られないままとなっています。

この質問は長い討論を引き起こすだけの要素を十分にもっていたのですが、このグループは質問づくりのルールをわきまえていたので次に進みました。

次にカルメンが、「拷問はいつ使われるのか?」と言いました。彼女はこの質問で、異なる要素を提示しています。意味だけでなく、それが使われる状況も明らかにしようとしたのです。しかし、カンディスが「拷問はあなたを幸せにするのか?」と言ったので、質問の流れは完全に違った方向に向かいはじめました。

この質問は、ほかの三人を完全に驚かせました。しばらく静かに座ったまま考えた末、ティファニが「何が拷問を正当化するのか?」と言いました。彼女自身が質問の焦点を書き出したので、それへの思い入れがあったのかもしれません。いずれにしても、それを質問の形にしたのです。彼女は、その質問に満足したようです。

定義の興味を追及したかったジャスミンが、「拷問されやすいのは誰か?」と問いました。ティファニが自分の質問を書くのを見ながら、「あなたは拷問が適切な罰則だと思いますか?」と、さらに付け加えました。

メンバーがジャスミンの質問に釘づけになって、話し合いをはじめそうになったとき、ピート先生がタイミングよく、ほかのグループにルールを守らせようとして「あなた方は、今質問づくりをしているんです。話し合いはしないでください」とクラス全体に向かって言いました。

ジャスミンの質問に反応するのをやめたティファニが「拷問する人に対して何をしたらいいと思いますか?」と言うと、ルールに戻ったジャスミンが「拷問が使われるのはどんな状況か?」

と言い、さらに「拷問は非人間的か？」、「拷問は肉体的なものだけか？」と続けました。

このジャスミンの最後の質問は、カンディスに自分が先ほど出した質問のことを思い出させたうえに、異なる角度の「拷問の長期的な影響は何か？」という質問を引き出させました。そして最後に、ティファニが強い口調で「誰が拷問で罰せられるべきか？」と言いました。

質問はさまざまな方向に広がりました。彼女たちがこれらの質問をどのように展開していくのか分かりませんが、確実に言えることは、彼女たちが質問づくりのルールを自分たちのものにして、質問づくりの発散思考の段階を見事にやり遂げたということです。

グループ２――このグループは、ジェラッド、ロランド、タジェイ、ダニエレの男女二名ずつで構成されていました。このグループはなかなかスタートできませんでした。それに気付いたピート先生は、「ルールに基づいて質問をつくってください。話し合わないで」とクラス全体に言いました。

ほかのグループがどんどん質問を出しているのを見て、このグループもようやく動きはじめました。記録係のタジェイは、ゆっくりと大きな字で質問の焦点を用紙に書きました。

ダニエレが「拷問はどのように正当化できるか？」と言って口火を切りましたが、この質問はみんなを黙らせてしまいました。しばらくしてロランドが、出し惜しみをするようにゆっくりと

「拷問を必要とするのはどんな状況か？」と言いました。するとしばらく黙ったままのあとにジェラッドが、「それについて話し合えない？」と言いました。

記録係のタジェイは、ジェラッドの発言は質問で、自分はそれを書き出さないといけないのかと迷いました。しばらくの間、このグループは気まずい思いのまま座っていました。この間、ピート先生はほかのグループに話しかけていました。

そのあとピート先生が、「質問の焦点を見て、自分の頭に浮かんだ質問をできるだけ出してください」と言ったので、自分たちも用紙と質問の焦点を見ることになり、ロランドの質問について話したがっていたジェラッドが「なぜ、拷問は効果的なのか？」と質問を出しました。

ダニエレが、「拷問は教訓としてやられるの？」とすぐに続きました。そしてロランドが「拷問と正義の関係は？」と言い、みんなの注目を集めました。この質問をよく考えようとして、みんなはまたしばらくの間黙り込んでしまいました。

この時点でほかのグループはすでに終わっており、このグループも静かにしているので質問を出し終わったと思ったピート先生は、クラス全体に最後の質問を出すように言いました。それがきっかけとなって、ダニエレが「質問の焦点のなかの『できる』という言葉には特別な意味があるのか？」と言いました。記録係のタジェイはその質問に興味を示すことなく書き出したあとに、「拷問を受けた人にどんな影響を残すのか？」という自らの質問を加えました。

異なるスタイル、ペース、アイディアを通した発散思考

ピート先生は「グループ２」に八分もの時間を与えましたが、七つの質問しかつくれませんでした。ほかのグループのなかには、同じ時間で三倍もつくり出したところがあったにもかかわらずです。でも、この段階はたくさんの質問をつくり出す競争ではありません。発散思考で生徒たちを刺激し、促し、取り組ませる段階です。

このグループが出した七つの質問は、彼らの発散思考の結果なのです。彼らは、拷問の正当化、有効性、効果などについて互いに質問し合ったのです。たくさんの質問はつくれませんでしたが、質問の焦点に関連した新しい考えや立場などを聞くことはできたのです。

この練習は、ピート先生自身にとっても大変有意義なものとなりました。発散思考のチャンスを提供されれば、グループは共通のテーマを追い掛けながらも、それぞれの方向に向かって進み出すことが分かりました。あるグループはたくさんの質問をつくり出すことで、またほかのグループは少なめの質問をつくることで、それを達成しました。いずれにしても、生徒たちはルールのもと、質問の焦点に迫るだけでなく、自分たちが出した質問や言葉やアイディアを通して意味を探っていたのです。

ピート先生が「この部分は、これで終わりです」と伝えたとき、生徒たちの姿勢が変わりました。はじめたときは背もたれに寄りかかってさまざまな方向を向いていたのですが、終わったと

きは、みんな質問を書き込んだ用紙に集中していました。生徒たち自身があとで述べていたように、「自分たちのつくった質問にかなり満足していたのです」。生徒たちは、それらの質問に対して「自分たちのもの」という意識を強くもっていましたし、生徒たちの姿勢の変化から察するかぎり、質問づくりの次の段階の準備ができていることを示していました。

ピート先生は、自分のクラスはこれまで生徒中心のクラスだと考えていました。でも、生徒たちが質問をつくり出す様子を見て、思考を刺激するために教師によってつくられた質問（たとえそれがいかによいものであっても）に答える生徒たちの様子と、生徒たちが自ら質問をつくり出すことの間には根本的な違いがあることに気付きました。

事例2　**事例1と同じ学校での質問づくり**

教科――生物　クラスの人数・一二人

質問の焦点――富栄養化

質問づくりを使う目的――示されたテーマのもとに、実験をするための質問をつくり出す。

同じボストン定時制高校で生物を教えるオステバーグ先生のクラスでは、富栄養化についての実験を行おうとしており、これまでにその定義として、「海・川・湖などの栄養過多によって植物が急成長し、酸素が減ってしまうことで動物が死んでしまう現象」と学んできました。

オステバーグ先生は、すでに質問づくりをこのクラスやほかのクラスで使ってきました。そこで彼女は、質問づくりを使って「**富栄養化**」という言葉をもっと深く考えることができればと考えました。すでに質問づくりのルールの紹介と、それを守ることの難しさについての話し合いは行っていたので、今回は簡単に振り返り、ルールのなかで守ることが一番難しいものを出してもらうことにしました。

これは、自分たちの体験を踏まえて、異なる視点で生徒たちにルールについて再度考えてもらうのには効果的な方法です。何人かの生徒は、質問について話したい衝動を「抑える」ことが難しいと言いましたが、ほとんどの生徒がルールを守るのに自信があると言いました。そこで、オステバーグ先生は「**富栄養化**」という短い質問の焦点を提示しました。

以下に示した生徒たちの質問のリストは、極めて単純な、そっけない質問の焦点が発散思考を生み出す証拠を提供しています。「質問は発言のとおりに書き出す」という三番目のルールに従って挙げられたリストですが、文法的な間違いもそのままにしてあります。

❶富栄養化はどうして起こるのか？
❷富栄養化はどうやって妨げられるのか？

❸富栄養化はどこで起こるのか?
❹富栄養化は、水生動物にどのような影響を与えるのか?
❺富栄養化が発生すると、いったい何が起こるのか?
❻富栄養化はボストンで起こったことがあるのか?
❼これまでに富栄養化を食い止めるために何をしてきたのか?
❽富栄養化はなくせるのか?
❾どのような環境で富栄養化は発生するのか?
❿富栄養化は何が起こすのか?
⓫富栄養化はいいことか、それとも根本的に悪いことか?
⓬富栄養化が発生したときに、そこに住んでいるのは誰か?
⓭富栄養化を食い止める方法はあるのか?

このリストを眺めるだけでも、極めて率直な質問であることが分かります。このリストを見て、次のステップはどうしたらいいのか、生徒たちは何を学んだのか、生徒たちはこれらの質問をどうやって使うのか、といったことを考えはじめてもおかしくありません。でも、それをする前に、今実際に起こっていることを考えることも大切です。

オステバーグ先生は、「これまで、生徒たちがこんなにたくさんの質問をつくり出してくれたことはなかった」と驚きました。これまでクリティカル・シンキング[2]で苦労してきたオステバーグ先生の生徒たちにとっては、大きな快挙となります。何と言っても、同種の学校で別な先生が、まったく質問を出せなかった生徒たちから三つの質問を引き出せただけでとても喜んでいたぐらいですから[3]。

質問が出された順番も、よく見ると徐々に複雑さを伴っていることに気付きます。最初の質問

（2）クリティカル・シンキングは、日本では「批判的思考力」と一般的に訳されているが、訳者がこれを知ったのは一九八五年ごろだった。カナダのグローバル教育を実践している先生たちにアンケートを取った結果、もっとも大切な能力として子どもたちに身につけてほしいのがこのクリティカル・シンキングだということだった。それで、日本でも同じような調査をしてみたところ、圧倒的に高いのは「思いやる心」だった。クリティカル・フレンドを当初は「批判的だが、温かい友だち」と訳していたように、最初はクリティカル・シンキングを「批判的だが、建設的な思考」と訳していた。でも、一〇年ぐらいして、クリティカルには「大切な」「重要な」という意味があることを思い出し、「大切なものを選び出す力」というのがしっくりいくように思いはじめた。これは、日本の子どもたちにはもちろん、先生たちにも身につけてほしい力である。逆に言えば、「大切でないものや偽物は排除する力」である。これらなら、カナダの先生たちがもっとも大切な能力として位置づけた理由が納得できる。ちなみに、クリティカル・フレンドも今は「大切な友だち」と訳している。

（3）それほど、高校生から問題を出させることは難しいということ。

は、基本的な情報を求めるとてもいい出だしになっています。それに続いた二番目の質問は、問題の解決や予防といったアクションを求めるものです。そのあとに、どこで富栄養化は起こるのかや、水生動物への影響に関するデータや情報を求める質問が続きました。

六番目の質問は、質問の焦点を自分たちの地域に引きつけており、七番目の「これまでに富栄養化を食い止めるために何をしてきたのか？」は、この問題に関する過去の情報やアクションについて尋ねています。

これまでに何か手が打たれたことはあるのかという、この質問が八番目の「富栄養化はなくせるのか？」という質問を引き出しました。そして、それがさらに広い視野で問題を眺めることを可能にしてくれました。もし富栄養化をなくせる方法があるのであれば、「どのような環境で富栄養化は発生するのか？」を知ることが必要となります。

そうした流れのなかで一人の生徒が、もっと基本的な、そもそも「富栄養化は何が起こすのか？」と問う必要があることに気付きました。この一〇番目の質問は、生徒たちのどこに潜んでいたものなのでしょうか？　何がきっかけで引き出されたのでしょうか？　これまでの九つの質問に、どのような情報を提供することになるでしょうか？

この一〇番目の質問は、これまでの前提を見直す基本的な「富栄養化はいいことか、それとも根本的に悪いことか？」という質問を生み出しています。そして、「富栄養化が発生したときに、そこに住んでいるのは誰か？」と「富栄養化を食い止める方法はあるのか？」という最後の質問は、二つとも富栄養化の影響とそれを止めることに戻っています。

これらの一三個の質問は、質問の焦点にこだわって、その現象、問題、対処や解決が求められていることなどの多様な側面について考えることで、発散思考のプロセスを明らかにしてくれています。(4) 何も書かれていなかった用紙にたくさんの質問を書くというプロセスが、生徒たちに異なる考えをたくさん出させたのです。これこそが、オストバーグ先生が質問づくりを使おうと思ったときに獲得したかったものでした。

次の段階に行くまでもなく、これからの授業で扱おうと思っていた内容にすでに踏み込んでいると彼女には思えました。そのことを、一人の生徒がのちに述べていました。

「質問づくりが核心を突くのを助けてくれます。自分で質問を考えることが、より良く学べる準備になるんです」

この言葉は、まさに質問づくりの真の価値を言い表しています。

(4)　この質問の順番を解説している部分は、この本のハイライトの一つである。メタ認知思考が自分の考えていることや学んだことを振り返れる能力だと言われても、分かったようで分からないものだが、ここでの質問が出された順番の解説を読むと、メタ認知思考とはこういうものかというイメージがはっきりとする。

事例３　**郊外にある中学校の理科のクラスでの質問づくり**

教科――理科　クラスの人数・二七人

質問の焦点――プレート（地殻の岩板）構造は、地理とコミュニティに影響を及ぼしている。

質問づくりを使う目的――自分たちで出した質問が六週間の探究学習（ＰＢＬ）[5]のテーマを決定する。最終的には、クラスメイトや親を対象に発表会を行う。

カリフォルニアのスタンフォード大学の近くにある公立スタンフォード中学校でデュプイ先生は教えています。今日も快晴の天気のもと、中廊下に面したドアから二七人の六年生たちが教室になだれ込んできました。教室にはもう一つドアがあるのですが、それは外廊下に面しており、出口専用になっています。これは、カリフォルニアの気候に特有の設計かもしれません。ちなみに学校は、有名なサンアンドレアス断層[6]の上に位置しています。

生徒たちは、気候だけでなく、断層のプレート構造についても学ぼうとしています。デュプイ先生は、探究学習に取り組む準備のために質問づくりを使うことにしました。ルールについての話し合いのなかで、あるグループがこれまでに聞いたことのない次のような発言をしました。

「答えを知らないことについて質問するのは難しいよね」

「興味をもった質問に答えたり、知っていることについて情報提供を思いとどまるのは難しいよね」

デュプイ先生は助け合ってルールを守ることを強調し、四〜六人のグループ毎に一人の記録係を決めるように言いました。生徒たちの準備ができたところで、「**プレート構造は、地理とコミュニティに影響を及ぼしている**」という質問の焦点を提示しました。

それぞれのテーブルを囲んで座る六つのグループは、以下のように異なる最初の質問から質問づくりに取りかかりました。

一つのグループは、「プレート構造って何?」という基本的なところからはじめました。別のグループは、「プレート構造はどうやって地理に影響を及ぼすの?」と「プレート構造はどうやってコミュニティに影響を及ぼすの?」に分ける形ではじまりました。また、もう一つのグルー

---

(5)　問題解決的な活動（課題設定—情報収集—整理分析—まとめ・発表）が発展的に繰り返される学習活動のこと。PBLは、問題発見解決学習（Problem-based Learning）とプロジェクト学習（Project-based Learning）の両方があるが、共通点が多い。すべて「学び」の本来の意義と形を示してくれている。現在、PBLを分かりやすく解説した『Problems as Possibilities: PBL for K-16 Education ＝現実にある問題の大きな可能性——幼稚園から大学までのPBL（仮題）』（リンダ・トープとサラ・セイジ著、北大路書房）を翻訳中。

(6)　(San Andreas Fault) アメリカ合衆国太平洋岸のカリフォルニア州南部から西部にかけて約一三〇〇キロにわたって続く巨大な断層のこと。

プは、「コミュニティってどういう意味？」について知りたがりました。結果的に、六つのグループは一九〜二七個の質問をつくり出しました。

そのなかの、一つのグループのプロセスを追ってみましょう。

ステファニ、ミシェル、グレイス、リアム、スティーヴン、ダニエルの男女混合グループは、「プレートはどのくらいの速さで動くのか？」という具体的な情報を知るための質問からはじめました。二番目に出された質問は、「プレートはなぜ動くのか？」でした。その後、いくつかの質問が出されたあとに、ステファニが質問の焦点の鍵となる言葉を使って「プレートは気温に影響するのか？」と発言しました。

質問のなかで「影響する」という言葉が使われたことで、みんなが質問の焦点をまた見直しました。そして、数秒の沈黙があったのちに、リアムが「誰が、これら全部の質問の答えを考えたのか？」と質問しました。この質問は何人かの笑いを誘い、身体の位置を変えたり、用紙から目をそらす者などが現れました。

それから、記録係のミシェルが「断層の上に生息する植物や動物はどのように適応するのか？」とかなり具体的な質問をしたところ、すぐに、「プレート構造の学術的な定義は何か？」という質問が続きました。この定義に関する質問は七番目の質問でした。

その後、火山の大きさやプレートの構造に対する動物たちの反応などについての質問が出されたあと、一四番目の質問としてダニエルが、「平均して、地震で亡くなる人は毎年何人ぐらいいるのか？」と尋ねています。この質問を聞いたメンバーたちは、犠牲者たちへの弔意を表するかのように静粛になり、少し間を置いてから、プレートの大きさや動くスピードにどの程度影響するのかという質問を出しました。そして、ダニエルが再び、「平均して、火山で亡くなる人は毎年何人ぐらいかな？」と質問をしています。

再び間が空きましたが、スピードや動物、そして気候のテーマに戻ってグループ内で質問を出しました。すでに二〇個の質問が出ていましたが、これまで比較的静かにしていたグレイスが、質問の焦点を見ながら「プレートは気温に影響を及ぼしているのかな？」と質問しました。この質問が、「プレートは降水量に影響を及ぼしているのかな？」という質問を誘発しています。

この時点で、デュプイ先生は残り一分であることを生徒たちに伝えました。いくつかの質問のあと、ステファニが最後の質問となる「どの動物が、プレートが動くのを事前に感知できるのかな？」を出して質問づくりを終了しています。

以上が、このグループの迅速で活気ある質問づくりの過程でした。参加者は、互いの質問を参考にしながらも、自らの興味や関心に基づいて質問をつくり続けました。クラスには活気があり、デュプイ先生はそのエネルギーを授業における次のステップにも活用したいと思いました。

質問づくりの問題とその対処法

以下では、生徒たちが質問づくりをしているときに直面するであろう問題と、それらへの対処法について見ていきます。

ルール1　できるだけたくさんの質問をする（質問する許可を与える）

この点に関する潜在的な問題と対処法は、次のようなものです。

なかなか質問が出てこない――何よりも時間を提供してください。そして、質問の焦点とルールを繰り返し言います。でも、質問の例は提供しないでください。

生徒たちが例を出してほしいとせがむ――繰り返しますが、絶対に例を提供してはいけません。教師が例を提供してしまうと、質問の流れをつくってしまうことになります。生徒たちには、ともかく必要があるのです。もし、まったく質問が出てきそうもない気配のときは、質問の最初の言葉を伝えます。「質問は、何、いつ、どうしてなどの言葉ではじめられます。質問の焦点について、それらの言葉からはじまる質問を考えてみてください」と言って促してください。

グループ間でのペースが大きく違う――たくさんの質問を出すグループもあれば、少ししか出せないグループもあります。この活動は、質問の数で評価をしてはいけません。なかなか質問の出ないグループがあったときは、ルールを思い出させて、質問づくりに集中するように言うのがよいでしょう。

参加していない生徒がいたり、一人がすべての質問を出している――課題の目的とルールを思い出させてあげてください。記録係も含めて、メンバー全員が質問づくりに貢献するように促します。いかなる質問も歓迎され、その価値は認められると伝えれば、言い出しにくい生徒も参加しやすくなります。

ルール２　質問について話し合ったり、評価したり、答えたりしない（安心・安全な場を提供する）

出された質問に、生徒たちは答えたくなるものです。しかし、このルールどおり、質問について話し合ったり、評価したり、答えたりしてはいけません。生徒たちには、のちほど、答えたり話し合う時間があることを伝えてください。

ルール３　質問は発言のとおりに書き出す（すべての声を尊重する）

時には、記録係がすべてを言葉どおりに書き出すことに苦労をする場合があります。立て続けに出されたときでも、すべてを記録しなければなりません。記録係だけでなくメンバー全員に、発言したとおりに質問を書き出す責任があることを伝えます。そうすれば、記録係以外の人が質問を思い出して、記録するのをサポートしてくれるでしょう。

ルール4　意見や主張は疑問文に直す（主張ではなく、質問の言い回しや問い方にこだわる）

このルールに関する潜在的な問題と対処法は、次のようなものです。

質問づくりから離れて話し合いをはじめてしまう——質問づくりに集中するように言います。時には、質問をつくったつもりになっていても、本当はまだつくっていないときがあります。そんなときは、質問に切り換えるように促します。

何をしていいのか分からない——これまでとは違ったことを生徒たちにさせていることが原因の場合が多いので、質問の焦点とルールを繰り返し伝えます。とはいえ、それ以外の補足説明は控えましょう。

質問の焦点が機能していない——こんな場合もありますから、代替案を用意しておくことをおすすめします。また、同じ質問の焦点を違う形で紹介できるように準備しておくのもいいでしょう。そのときも、質問の焦点について説明したり、情報を提供したりしないように気を付けてください。あくまでも、違った形で指示を出すだけです。ただ、生徒たちに何が理解できないのかについて尋ねることはいいです。そうすれば、彼らが理解できる形で指示を言い換えることができるかもしれません。

まとめ

本章で紹介した三人の教師の事例やほかの先生たちの実践は、質問づくりを使って生徒たちをうまく質問づくりに招き入れている例です。彼らは、従来のような「何か質問はありますか？」や「分からないことは何でも聞いてくださいね」といった典型的な質問をはるかに超えた成果を見いだしています。教師が予想もしなかったような領域での質問を出したり、教師が見たこともないようなレベルの取り組みを通じて、生徒たちは見事にこたえて、刺激的なリストをつくり出しているのです。

質問づくりの四つのルールが、自分たちの考えを推し進めてくれたことに気付く生徒も少なくありません。このような体験が、生徒たちに自らのプロジェクトなどで自発的に質問づくりを活用することにつながります。

とはいえ、ここで学んだことを応用する方法を考える前に、生徒たちにはまだすることがあります。生徒たちは、教師の質問ではなく自らの質問のリストを手にしたわけですが、まだそれらは分類されていません。次の段階では、それらを順序づけることにします。そこでは、この段階で使った「発散思考」から新しい知的エネルギーを必要とする「収束思考」に移行することになります。

彼らは、つながりをつけたり、質問を改善したり、優先順位をつけたりします。自分たちの前にはすでによい質問のリストがあるわけですから、次に自分たちがどのようなことをするのかと楽しみにしています。

本章の重要なポイント

質問づくりのルールは、生徒たちに自らが質問をつくり出すための枠組みを提供します。そのなかにおける教師の役割は、以下の二つです。

・質問づくりのルールを生徒たちがうまく使いこなせるようにサポートする。
・グループ活動の間、ルールを守ることを繰り返し生徒たちに伝える。

第5章

質問を書き換える

「質問づくりは、たくさんの質問をつくることで、学びの質と量を広げてくれる優れた方法です」

前章において、生徒たちが達成したことを考えてみてください。彼らは、発散思考を使って熱心に質問づくりに取り組みました。これまで、あのようにたくさんの質問を熱心につくったことはないと思います。

今、彼らの前には、数分前には存在しなかった、あるいは自分たちの頭の中にあるとは思えなかった質問がたくさんあります。質問への答えが知りたくて、あるいはそれらを使って次に何をするのかとウズウズしていることでしょう。しかしながら、その要求には、もうしばらくブレーキをかけておかなければなりません。

なぜ、ブレーキをかけるのか?

勢いを止めて、生徒たちには「発散思考」から「収束思考」へと転換するという極めて重要な体験の機会を提供します。この段階では、自分たちがつくり出した質問を見直して、そこからどんな情報が得られるかを分析します。生徒たちにとってこの作業は、質問に答えるという行為に近づかないので、意味のない遠回りのように思えるかもしれません。もちろん教師には、近いうちに質問に答えることを伝えて安心させる必要があります。

しかしその前に、それらの答えを導き出すために極めて効果的な方法である「閉じた質問」と「開いた質問」の違いについて考え、相互に書き換えることを学びます。そうすれば、この遠回りがより良い答えを得るための近道であることに生徒たちは気付くはずです。さらに彼らは、異なる種類の質問の目的とその使い道、そして情報を得るための方法についての「メタ認知思考」にも挑戦することになります。

「閉じた質問」と「開いた質問」の違いを知っているだけでは、双方の特徴を理解して自分のものにしているとは言えません。質問のタイプや異なる目的を識別する作業は、長い時間を要するものです。情報収集、分析、統合、評価、解釈など、質問は異なるタイプや目的によって分類できます。

また、高次か低次か、深いか浅いか[1]、事実か、修辞か、仮説かといった分類も可能となります。とはいえ、質問のタイプと目的を学ぶのに長い時間を費やしすぎると、つくった質問を分析してより深く学ぶための時間を奪ってしまうことにもなります。

（1）　質問の分類については、『「考える力」はこうしてつける』の第5章「質問」、『「読む力」はこうしてつける』の第7章「質問する」、『読書がさらに楽しくなるブッククラブ』の「パート2」の第2章「学校でのブッククラブ」（とくに一四九ページ）などを参照。たとえば、深い質問の特徴としては、「なかなか答えられない」「正解がない」「もっと知りたくなる」「他の質問を呼び起こす」などがある（『「読む力」はこうしてつける』一〇三ページ）。

「閉じた質問」と「開いた質問」の違いを学ぶ生徒たちは、短時間でたくさんのことを学びます。質問のタイプと表現方法によって、どのような情報が得られるのかを左右するという、一つのとても重要な知恵を生徒たちが発見し、本当に理解するときが大きな転換点になることを私たちは何度も見てきました。

「閉じた質問」と「開いた質問」について初めて学ぶ多くの生徒たちにとって、このことはとても刺激的で、核心的な発見となります。すでに違いを知っている生徒たちにとっては、違いに注意を払い、質問のタイプを転換するという経験をすることで、質問づくりや情報収集、そして分析的思考により磨きをかけることになります。

「閉じた質問」と「開いた質問」を紹介する

閉じた質問と開いた質問について生徒たちに教える方法は、極めて単純で分かりやすいものです［**表5－1**参照］。教師の役割は、閉じた質問と開いた質問の定義を紹介し、それらについての話し合いを進め、一つの質問を別の質問に書き換えるときにサポートをすることです。

これらのことをするのに、初めて質問づくりを紹介するときは七〜一〇分ほどの時間を確保しますが、二回目以降は五分ぐらいで十分でしょう。質問づくりのすべての段階を体験したことのある生徒たちを対象にする場合は、この段階の進め方については柔軟に対応してください。この段階を初めて行う場合の進め方は次のようになります。

❶閉じた質問と開いた質問の定義を紹介します。

・閉じた質問は、「はい」か「いいえ」ないし一つの単語で答えられます。例——これはテストに出ますか？

・開いた質問は説明を必要とします。例——テストには何が出ますか？

これらの定義は、生徒たちがたくさんの質問を分類する際に明確な基準を提供します。模造紙などに、両方の定義と長所と短所を書き出しておくと効果的です［**表5－2**参照］。

❷自分たちがつくり出した質問のリストを見て、閉じた

表5－1　閉じた質問と開いた質問について話し合う際の教師と生徒の役割

教師の役割	生徒の役割
・閉じた質問と開いた質問の定義を紹介する。	・自分たちがつくり出した質問を振り返る。
・生徒たちが自分たちの質問を分類するのをサポートする。	・それを、閉じた質問と開いた質問に分類する。
・閉じた質問と開いた質問の長所と短所について話し合うのを進行する。	・閉じた質問と開いた質問の長所と短所を話し合う。
・一つの質問からもう一方の質問に変換するのをサポートする。	・閉じた質問は開いた質問へ、開いた質問は閉じた質問へ書き換えるのを練習する。

質問には△を、開いた質問には○を、二～三分でつけるように指示します。

❸閉じた質問と開いた質問の長所と短所についての話し合いを進行します。

この話し合いには四～五分を割り当てます。小グループで話し合ってから全体に報告するか、または最初からクラス全体で話し合うこともできます。

❹一つの質問を他の質問に書き換えるように指示します。

教師は、いくつの質問を生徒たちに書き換えさせるのかについて判断しなければなりません。それぞれ、一つか二つを換えれば十分でしょう。これには、三分ぐらいの時間を割きます。

以下の事例が、この段階の進め方を詳しく説明してくれるでしょう。

事例 閉じた質問と開いた質問に分類するときに何が起こるか

オストバーグ先生が教えている生物のクラスで、四人の高校生たちは「**目の進化**」という質問の焦点から一二個の質問をつくり出しました。

先生は、**表5-2**の上部に書いてある必要最低限の定義を紹介して、閉じた質問と開いた質問

表５－２　閉じた質問と開いた質問の長所と短所

閉じた質問		開いた質問	
「はい」か「いいえ」ないし一つの単語で答えられる		説明を必要とする	
長所	短所	長所	短所

に印をつけさせました。生徒たちは、最初の質問である「目はどのように進化したのか？」を見て、簡単に○をつけることができました。次に、二番目の質問である「目はいつ進化したのか？」には躊躇しました。

一人が、「これには、一つの言葉じゃ答えられないでしょう」と言いましたが、もう一人は「でも、もし特定の進化した時期があったなら、一つの言葉で答えられるんじゃない。それは閉じた質問ということ？」と、反対意見を述べました。

オストバーグ先生はこのやり取りを聞いていましたが、それには口を挟まないことにしました。このチームは、○と△の両方をつけました。これは、いずれか、あるいは両方の可能性があるという意味です。

分類の難しさは次の質問である「目は何でできているのかな?」でも続きました。しばらく話し合って、「この質問にはたくさんの一つの言葉の答えがあるよね。それって、閉じた質問として分類するのかな?」と一人が尋ねました。メンバーは確信がもてなかったので、オストバーグ先生に判断を仰ぎました。先生の答えは、「時には、はっきりと分けられないこともあるけど、できるだけ分けてみて」というものでした。結局、生徒たちは△をつけました。

次に、「目の部分はどう機能するのかな?」という質問を考えました。安堵感がため息として聞こえるような感じでした。この質問には、誰もが長い説明が必要だと思ったからです。自信をもって◯をつけました。そして、残りの質問にも生徒たちは積極的に取り組み、質問を分類するのがより明快になり、自信もつきました。

- **なぜ、目は異なる部分で構成されているのか?** ——ためらうことなく◯をつける。
- **動物によって目(の機能)は異なるのか?** ——△をつける。
- **人間の目と動物の目で違う点は何か?** ——ここでもためらう。一つの言葉で答えられる? それとも説明が必要? 投票の結果、説明が必要として◯をつける。
- **目は進化したはずがないという人がいるのはなぜか?** ——これは、間違いなくとても大きな「なぜ」の質問だと一人が言い、◯をつける。

・目の色はなぜ一人ひとり違って、なぜそうなったのか？　――ためらうことなく○をつける。でも、この質問は二つに分けるべきであることにも気付く。

このあと、生徒たちは次の質問である「目の進化の推移にはどんなものがあったか？」を見ました。少し判断のスピードが遅くなり、この質問は一つの答えを求めているのか、それとも説明が必要なのかと考えました。でも、すでに分類があいまいな場合があり得ることを知っていたので、躊躇せずに○と△をつけました。そして、質問リストの最後の三個には、自信と安心感の両方をもって以下のような印をつけました。

・目がどのように進化したのか他の理論はあるか？　――△
・目は単細胞か？　――△
・目はどのように機能するのか？　――○

いったい、何が起こったのでしょうか？　生徒たちは集中した時間を過ごし、質問リストを分類するのに多大な知的エネルギーを費やしました。リストとなっているものは、与えられたものではなく自分たちがつくった質問です。それぞれの質問の分類と、それらが提供してくれる情報の種類について考えました。

彼らは、質問の言い回しが提供してくれる情報やその答えに、どのような影響を及ぼすのかを厳密に検討したわけです。観察していたオストバーグ先生によると、彼らは「これまで見たことのないほど集中して取り組んでいた」とのことです。

オストバーグ先生は、話し合いの質と思考の深さにも驚いていました。しかし、自分たちがしたことの真のパワーを知るためには、生徒たちは自らの言葉でそれが言えるようにならなければなりません。それこそが、二つのタイプの質問の長所と短所について考えるという、次のステップで行う「メタ認知思考」の目的であり、価値なのです。

二つのタイプの質問の長所と短所について話し合う

生徒たちが質問を分類したら、それは質問の二つの特徴について細心の注意を払ったことを意味します。なかなかスッキリと分類できないものもあり、苦しんだわけですが、彼らの行ったことは、言語学者や思想家たちが、言葉やその意味、またその解釈に苦労することと大差ありません。

今度は、生徒たちがその過程で何を学んだのかを振り返るチャンスを提供します。そのためにもまず、「閉じた質問の長所は何ですか？」と尋ねます。(2)

もし、すでに閉じた質問と開いた質問の概念を知っていたなら、「またですか?」というような表情をしてくるでしょう。その場合は、すでに「開いた質問のほうがいい質問」ということを認識していることになります。それだけに、閉じた質問の長所について考えさせられることが不快なわけです。でも、質問の二つの違いを初めて学ぶ生徒たちにとっては、教師が提示した質問は極めて中立的なものであるため、不快な表情を見せることはないでしょう。

生徒たちは異なる質問を分類し、それを使いこなす能力を育てようとしているわけですから、まずは長所に焦点を当てることで肯定的な選択肢を提供することが重要となります。生徒たちは少し躊躇するかもしれませんが、閉じた質問にも次のような長所があることを指摘してくれるでしょう。

・すばやく答えられる。
・明快な情報を提供してくれる。
・曖昧ではない答えが得られる。

---

(2)　ここで初めて教師は、従来から慣れ親しんだ質問をしている。

これらの反応が得られれば、閉じた質問に長所などあるはずがないと思っていた生徒たちもその価値を受け入れはじめます。そのとき、もう一つの質問である「閉じた質問の短所は何ですか?」を投げかけます。こちらの質問に対する反応は素早いでしょう。

・あまり多くの情報を提供してくれない。
・それで途切れて、発展しにくい。
・本当に知りたいことが学べない。
・もっと知らなければいけないし、もっと情報がほしいのに、提供されるのは一つの短い答えだけ。

そして、次の質問である「開いた質問の長所は何ですか?」と尋ねられたときは、生徒たちには回答の用意がすでにできているはずです。

・たくさんの情報が得られる。
・たくさんのことを知れる。
・より完全な説明が得られる。
・よりたくさんの情報を提供してくれる。
・ほかの人がどんなことを考えているのか聞ける。

・自分の理解の助けになる説明を聞けるかもしれない。

みんながとても居心地のよい状態になったとき、最後に「開いた質問の短所は何ですか？」と尋ねて足下をすくいます。しばしのためらいのあと、答えが出されるはずです。

・たくさんの情報を得すぎるかもしれない。
・その場しのぎの答えかもしれない。
・必要な情報を得られないかもしれない。
・言われたことが全然分からないかもしれない。
・答えが理解できなかったり、それで何をしていいのかが分からなかったりする。
・混乱してしまうかもしれない。
・答えが長すぎるかもしれない。

長所と短所の話し合いを終わらせるにあたって、生徒たちが出したことを教師が要約してもよいでしょう。たとえば、閉じた質問と開いた質問の違いを理解することの価値や、両方にそれなりの使い道があることなどです。開いた質問が効果的な場合もありますし、閉じた質問のほうがよい場合もあるのです。

一方から他方へと質問を書き換える

次に、閉じた質問と開いた質問の違いの理解を活用して、発展させる機会を生徒たちに提供します。一方から他方へと質問を書き換えるための、確実なスキルを身につけるチャンスです。教師が提供する指示は単純明快なものです。生徒たちに閉じた質問を一つ選ばせ、それを開いた質問に換え、逆に開いた質問は閉じた質問に換えるように言えばいいだけです。

生徒たちは急な学びの坂を上ろうとしているところですから、この作業は少し難しいかもしれません。最初は、「はい」か「いいえ」では答えられない質問に変換します。そして二つ目の、開いた質問を閉じた質問にするための質問づくりには苦労をするかもしれません。

質問文の構造を学ぶ

質問文でよく使われる5W1Hに焦点を当てて紹介します。

・「なぜ?」や「どのように?」などを含んでいる質問は開いた質問。
・「何?」「誰?」「どこ?」「いつ?」は、両方の質問の場合がある。(3)
・5W1Hを含んでいない質問は閉じた質問。

以上はあくまでも原則であり、例外もあります。質問によっては、一三九～一四一ページで生徒たちが迷ったように判断の難しいものもあります。どちらに分類されるかよりも、質問を通してどれだけの情報が得られるか、あるいは得られないのかを理解することが大切だと生徒たちには伝えてください。ある教師は、生徒たちの質問を使っていくつかの例外を紹介しています。

❶「大統領は誰ですか？」という明らかに一つの言葉で答えられる閉じた質問と、「誰が資格をもっていますか？」との比較です。後者は、閉じた質問と開いた質問の両方に分類することができます。文字どおりに解釈して、「三五歳です」や「アメリカ生まれです」などの言葉で答えることができますが、「あなたの考えでは、候補のなかで誰がもっとも相応しいですか？」や「誰が大統領にもっとも適任だと思いますか？」というふうに解釈すると、開いた質問ととらえることができます。

❷「生徒会はいつ集まりますか？」（閉じた質問）と「生徒会をするのに適した時間帯はいつですか？」（開いた質問）

（３）原書では、ここは「Is?」「Do?」「Can?」ではじまる疑問文となっている。でも残念ながら、日本語にはそれに相当するものがないのでこう訳さざるを得なかった。何かいい方法があったら、ぜひ教えていただきたい。

❸「公聴会で質問できるのはいつですか？」（閉じた質問）と「質問するのがもっとも効果的なのはいつですか？」（開いた質問）

こうした5W1Hの質問について情報を提供する時期に関しては、いつがよいという答えはありません。生徒たちの様子を見て判断してください。

あえて言えば、あまり早くにこの情報を提供するよりも、ある程度生徒たちが考えてからのほうがよいと思います。なぜ、一つの質問が閉じた質問なのか、あるいは開いた質問なのかを説明させ、クラスメイトとの話し合いを通して自ら判断させていくのがよいでしょう。もし説明したり、サポートを提供したいときでも、まずは生徒たちに考えさせ、生徒たちが自分なりの判断をしたあとがよいでしょう。

オストバーグ先生の理科のクラスでは、生徒たちが質問の書き換え作業をするなかで自らの考えを深めました。彼らは開いた質問の一つである「人間の目と動物の目の違いは何か？」を見て、それがある前提に基づいた質問であることに気付きました。

「それは本当に答えられることなのか？」と、一人の生徒が問いかけたのです。その結果、もっと基本的な質問から尋ねたほうがよいということで合意しました。そして、開いた質問を閉じた質問となる「人間と動物の目には違いがあるか？」に変更したのです。

次は、閉じた質問を開いた質問に換えるといった作業に取り組みました。彼らが選んだ質問は、「目が進化したことを説明するほかの理論があるか?」でした。教師から教わった「なぜ?」か「どのように?」で、まず変換ができないかと考えました。

一人の生徒が、「目はどのように進化したのか?」と言いました。でもほかの生徒が、そのなかに理論が含まれていないことを指摘しました。そして、別の生徒が「目ができるのを説明する理論にはどのようなものがあるか?」と提案しました。この言葉遣いのほうが、自分たちが求めている質問により近いのではないかということで彼らは合意しました。

どのクラスでも二種類の質問の違いを知っており、両方を相互に変換できることがもっとも効果が大きい、と生徒も教師もそろって言っています。何を学んだのかと聞かれたとき、生徒たちは次のようなことをはっきりと言ってくれました。

・私は、閉じた質問と開いた質問の違いを学びました。
・ある質問を他方に書き換える方法を私は学びました。
・自分がどのように質問したらいいのかと考えるようになりました。
・私がどのように質問するかで、異なる情報が得られることを知りました。そんなこと、これまでに考えたことがありませんでした。

認識の変化（違いを知ること）と行動の変化（質問を書き換えること）は、感情面での変化ももたらしました。生徒たちは、質問を書き換えることで質問を使うことに自信がもて、自分たちで問題解決ができる方法を見つけ出すことができる、と言っています。教師もこの違いに気付いています。

ボストン定時制高校のミンチェンコ先生が接する生徒たちは、学校でも、家庭でも、地域でも無力感を味わい続けてきました。質問を書き換えるということは、自分で自らの力を行使する貴重な経験となりました。ミンチェンコ先生は次のように述べています。

「生徒たちは、自分たちの質問を操る能力を身につけました。それが彼らに、自分たちにも（とくに学習するときに欠落している）パワーがあるという意識をもたせたのです。質問は換えられるという意識が、物事をこれまでとは違った形で見られるようにしたのです。彼らがマーキングペンを持って、閉じた質問と開いた質問に印をつけたり、一つの質問を消して別の質問を書き出す様子を目にしました。最初は背を丸くしていた生徒も、マーキングペンで印をつけるときになると背中を真っすぐにして、とても積極的になりました。自分で印をつけるという行為が、何か特別なエネルギーを与えたようです」

次のステップへの三つの選択肢

さて、次はどのように展開するのでしょうか。以下に挙げる三つの選択肢があります。

①分類を質問の目的に関連づける——自分たちの質問をどのように使ってほしいのかという目的が明確ならば、質問の分類をその目的に関連づけるとよいでしょう。たとえば、もし生徒たちに実験を計画してほしいなら、第６章で扱う質問の優先順位を決める前に、どんな種類の質問が実験のどの段階で使えるのかを考えてもらうことが効果的となります。

閉じた質問と開いた質問の両方を使うかどうかも考えます。もし、探究のためのプロジェクトを計画してほしい場合は、なぜ閉じた質問ではなく開いた質問を選んだほうがいいのかを考えてもらうとよいでしょう。

②質問の優先順位の段階に行く——新しいテーマを導入したり、すでに学んだことの理解度を測るために質問づくりを使う場合は、これ以上閉じた質問と開いた質問について考えるよりも第６章に進むことをおすすめします。

③どのような質問がどのような場面で適切かのリストをつくる——開いた質問と閉じた質問を使うのが効果的な場面や、目的はどんなときかをクラス全体で協議してリスト化してみましょう。(4)もちろん一回では完了しないので、継続的につくり続けることになります。生徒たちは、どのよ

うな情報が必要で、目的のために質問をどのようにつくり換えたらいいのかといったことなどを考えながらリストに付け加えていきます。

これら三つのどの場合でも、二種類の質問の長所と短所について考え続けるように生徒たちを励まします。教師は生徒たちに、常に次のようなことを言い続けるべきでしょう。

・両方のタイプの質問に価値がある。
・時には、一方のタイプがより助けになることがある。
・一方から他方へと質問を書き換えるのは大切なことである。
・一方から他方へと質問を書き換えることで、新しい視点で見られるようになる。

閉じた質問と開いた質問に関する問題点とその対処法

生徒たちはまず質問を分類し、それから一方から他方へと書き換えることを学んだわけですが、次のような困難に対処するときはサポートが必要となります。

①質問を分類するときに合意できない問題――生徒たちの間では、議論が紛糾したり、どのように分類したらいいか合意形成ができないことがあります。一方が閉じた質問だと言い、もう一方が開いた質問だと主張し続けることもあるでしょう。そのときは、一三九ページで紹介したように両方を併記するという対処法があります。短い時間で分類するので、この対処法が適切かと思います。

クラス全体に報告するときですらこのような問題が起こりますが、こうした潜在的な問題について事前に話す必要はありません。つまり、異なる意見は思考を深めるのですから、よい学びの機会として活用すればいいのです。とはいえ、次のことは教師がサポートできる最低限のこととなります。

・その質問をすることで、どのような回答が得られるのかを考えてみるように促す。
・二つのタイプを分類する目安として、「なぜ？」と「どのように？」は開いた質問であることが多い。

②質問を書き換える際、新しく考えた質問が前とは関係なくなってしまうという問題――生徒た

（４）具体的な例としては、模造紙などに書き出す方法がある。そこに、新しい項目を随時付け足していけばいい。

ちは、ある質問を他方の質問に書き換える際、一つの言葉を換える（ないし、ほんの少し換える）だけでできてしまうことに気付くかもしれません。しかしながら、質問を換えようと努力したために、前の質問とはまったく関係のない質問をつくってしまうこともあります。

質問を書き換えるという行為の価値は、生徒たちが質問の種類を理解し、質問を切り換えられるようにすることです。質問の内容が変わることはあまり気にしないでください。でも、新しい質問が異なる目的をもっていることに気付けるようにはしてください。そして、できるだけ最初の質問に近い形の質問を考えるように促してください。

まとめ

生徒たちに習得して欲しいもっとも重要なポイントは、「質問のつくり方と言い回し（表現法・言葉遣い）が、受け取りたいと思う情報の質を決定づける」ということです。

生徒たちが行ってきた質問の分類と変換は、とても具体的なやりがいのある課題ですが、おじけづくほど難しいものではありません。なぜなら、わずか二つの分類しかないのですから。それに、前のように白紙から問題をつくりはじめるわけではなく、自分たちがつくり出したリストからはじめるのです。

さらに、教師が何をするか極めて具体的な指示を出しています。ある意味では、生徒たちは慣れている心地よい状態で作業をしていたかもしれません。いずれにしろ、生徒たちは熱心に考えたわけです。とはいえ、次の段階は新しい領域となり、集中して深く考えることが求められます。これまで見落とされがちだった優先順位をつけるという思考に挑戦します。

本章の重要なポイント

・閉じた質問と開いた質問には、それぞれ長所と短所がある。

・質問づくりが導入される最初のときは、閉じた質問と開いた質問について十分話し合う必要がある。そのあとは、どの点を強調して扱うかを判断する。たとえば、長所と短所を毎回扱う必要はない。閉じた質問と開いた質問を分類したら、そこでやめてもいいかもしれない。または、それぞれの例となる質問を出してもらい、それらをもう一方の質問に変換してもらってもよい。

・生徒たちは質問づくりのこの段階を、発見があり、新しい知識が得られる楽しい作業だととらえることが多い。

第6章

質問に優先順位をつける

「質問をすることが、考えているテーマについてより深く考える助けになることを発見しました。質問することで、資料からより多くの情報が得られるようになりました」

私たちは優先順位をつけることを、いつ、どのようにして学ぶのでしょうか？　もし、優先順位をつけるということを学ばないとしたら、すべての教科や私たちが置かれている状況において効果的に学ぼうとする際に悪影響をもたらすかもしれません。

優先順位をつけるというスキルは、学校教育のなかで身につけられるスキルのなかでもっとも重要なものの一つです（しかし、ほとんど見過ごされている）。教師はこれまでに、生徒たちが大量の資料のなかから情報を集めたり、自らアイディアを創造している姿を見たことがあるはずです。しかし、残念ながら、生徒たちはそこから意味をつくり出すことがなかなかできないということも知っています。

作文を構成したり、実験を計画したり、探究プロジェクトを行ったりする場合、教師たちは体験したことやすでにもっている知識によって、何が中心的な課題となり、何がほとんど関係ないのかを判断しています。それに対して生徒たちは、自分の前にあるものに価値を見いだしたり、優先順位をつけたりすることをまだ知らない可能性が高いのです。

質問づくりにおけるこの段階は、生徒たちが優先順位をつけるという重要なスキルを身につけることを手助けします。この新しい思考力をつけるために、教師は生徒たちに課題を投げかけます。幼年期以来、かなり退化してしまった「質問をつくり出す力」と違って、「優先順位をつける力」に関しては発達させるチャンスすら提供されてきませんでした。

最近の脳研究の成果から、優先順位をつける力で特徴づけられる意思決定に寄与する脳の部分は、青年期になっても発達していないことが分かっています。授業のためだけではなく、生涯にわたって使い続けるスキルとして、生徒たちに脳のこの部分を発達させるチャンスをもっと提供するべきです。

まさに今が、それに取り組むよいチャンスです。これまでの流れのなかで、生徒たちはとても充足感のある波に乗り続けています。生徒たちは提供された枠組みと質問づくりのルールのなかで、これまで想像もできないくらいのたくさんの質問をつくり出しました。そして、それらを注意深く検討してきました。閉じた質問と開いた質問に分類して、それらを相互に変換することも行っています。すでに、十分と言えるだけの成果を上げているのです。

この時点で（第８章で紹介する「振り返り」のときに生徒たちが述べていますが）、扱っているテーマや、異なるタイプの質問の価値や目的について新しいことを学び、そして理解を深めたことなどについてはすでに気付いているはずです。

生徒たちはこれから、教育分野だけではなく、すべての分野においてたくさんの人々を悩ませ続けている課題に挑戦することになります。優先順位をつける行為、つまり適切に重要なものを選び出すという力は、比較、分類、分析、評価、統合などを含めた多様なスキルを駆使する極めて知的な行為と言えます。優先順位をうまくつけることは決して容易なことではなく、歴史上の多くの偉大な科学者たちが経験してきたように、最初は誰もが間違えるものなのです。

実は、優先順位をつけるという行為は、生徒たちが日々の生活のなかですでに直面しているもっとも困難な思考上の課題なのです。実際、生徒たちは教室の内外での時間の使い方において、友達と会うのかそれとも携帯やネットでコンタクトをとるのか、あるいは勉強に短期的もしくは長期的にどれだけコミットするのかなど、すべてのことに優先順位をつけたうえで意思決定をして生きています。

つまり、生徒たちは常に優先順位をつけているのです。でも、意図的な方法を使っていませんし、意識して練習をしたこともありません。それゆえ、効果的に優先順位をつけるためのスキルも判断基準も身につけていません。生徒たちに、自らがつくった質問を素材として優先順位をつけるという思考を練習する機会を提供することは、彼らの思考分析スキルと意思決定スキルを磨きあげることに大きく貢献します。

質問づくりにおけるこの段階は、彼らに優先順位をつけるという行為とスキルの両方を練習するチャンスを提供するわけですが、これは、一回、二回あるいは数回やれば身につくというような簡単なものではありません。試行錯誤しながら、反復練習によって磨かれていくスキルなのです。教師の役割は、生徒たちが自らつくり出した質問を使って、成長への旅を続けられるようにサポートすることです。

優先順位をつける際の流れ──概観

　生徒たちは、質問を分類したときと同じグループで活動を続けます。優先順位をつけるための所要時間は五分程度で、その進め方は次のとおりです。

❶リストから三つの質問を選ぶことからはじめます。その選択は、教師が事前に用意した、たとえば以下のような基準で選びます。

・もっとも重要な三つの質問を選びなさい。
・もっとも興味深い三つの質問を選びなさい。
・探究プロジェクトを計画するのにもっとも助けとなる三つの質問を選びなさい。
・質問づくりの目的にもっとも適した三つの質問を選びなさい。

❷実際に生徒たちは、以下のような形で三つの質問を選びます。

・まずはリスト全体を眺め、どれを選ぶことがいいのかを話し合います。
・次に合意を得ます。全員の意見をまとめるか、投票するかなどの方法を使って三つの質問を選びます。

❸生徒たちは、優先順位の高い三つの質問を選んだ理由を説明します。まずは、その理由を自分たちで話し合い、クラス全体に説明できるように準備します。
❹クラス全体で、各グループが選んだ三つの質問と、それらを選んだ理由を紹介し合います。

優先順位をつけるのは、困難ですがやりがいのある課題です。生徒たちにリストを分析させ、評価し、比較し、対照して、合意のうえで最終的に三つの質問を選ばせるということは、教師にとっても質問づくりのなかでファシリテーション能力が問われる場面となります。教師は極力指示を出さずに、各グループが自分たちで考え、そして選び出せるように生徒たちをサポートしていきます。

優先順位を決めるための基準を明確にする

この作業をはじめる前に教師は、明確かつ過度に指示的ではない、優先順位を決めるための基準を設定する必要があります。その基準は、指導上の目的や質問の焦点、また次の段階で何をしたいのかなどに沿うものとなります。たとえば、優先順位をつけて選んだ質問によって次に行いたい目標としては、以下のような例が考えられます。

・作文を書く。
・調査する。
・探究学習（ＰＢＬ）を計画して実施する。
・プレゼンテーションをする。
・クラスで話し合いをする。
・個別学習をする。
・本や記事を読む。

優先順位の高い質問を選ぶための基準は、できるだけ単純明快なものにします。たとえば、以下のようなものがよいでしょう。

・生徒たちが焦点を当てたいもの。
・生徒たちにとってもっとも大切なもの。
・生徒たちがさらに探究したいもの。
・実験をしたり、文章を書いたり、本を読んだりするなど、生徒たちの具体的なアクションにつなげられるもの。

優先順位を決める際の具体的なステップ

優先順位を決定するプロセスは以下のように行います。

①優先順位をつけるための指示を与える

このステップで基本となる指示は、「三つの質問を選びなさい」です。それ以外に付け足すべきことは、あなたが質問づくりのあとで生徒たちにしてほしいことによって変わってきます。以下のような指示を参考にして、自分なりの指示を考えてください。

・もっとも重要な三つの質問を選びなさい。
・最初に答えたい三つの質問を選びなさい。
・もっとも興味深い三つの質問を選びなさい。

ここに挙げた三つの指示例は、教師が選んでほしい質問についてほのめかすことなく、生徒たちに多様な選択肢を与えています。また、生徒たちが目的と方向性をもって考えるのにちょうどよい環境と適度な焦点も提供しています。しかしながら、焦点をさらに絞ったほうがよい場合もあります。たとえば、生徒たちが実験の内容を考えなければならないような場合です。そのときは、上記の三つ以外に次のような指示も考えられます。

・これらのリストから、実験を計画する助けとなる三つの質問を選びなさい。

・実際に実験をすることができる三つの質問を選びなさい。

もし、生徒たちが調査レポートを書かなければならないときは、前記の三つ以外に次のような指示も考えられます。

・調べたいテーマに役立つ三つの質問を選びなさい。
・自分が調べたい内容を絞るのに役立つ三つの質問を選びなさい。
・すぐに調べはじめられる三つの質問を選びなさい。

基本的な部分は同じです。変更は、質問づくりや教師の目的、そして次の段階で何をしたいのかによって決まります。

②優先順位の高い質問を選ぶ

三つの優先順位の高い質問を選ぶために、生徒たちは自らが出したすべての質問を振り返って話し合う必要があります。さまざまな方法があり、そのうちの何を使うかは、教師が事前に決めておくこともできます。たとえば、投票で決める、各メンバーが一つずつ選んで一致したものにする、話し合いで合意形成を目指す、などです。最後の「話し合い」は時間がかかる方法ですから、事前にどれだけの時間をかけていいのかを知らせておく必要があります。

③選んだ質問の理由を述べられるようにする

次に、三つの質問を選んだ理由を述べてもらいます。選択の根拠を明らかにしなければなりません。これは、この段階でのとても重要な活動となります。生徒たちに質問を振り返らせ、質問のなかには、より重要な、より有望な、より意味のある、より緊急性の高い質問があることを考えてもらう必要があるからです。また、この段階のメンバー同士の話し合いからも多くのことが学べます。ほかのメンバーがその質問を選んだ理由をしっかりと聞くからです。

④グループ活動の成果を全体に報告する

各グループが質問を選んだら、クラス全体に以下の内容を順次報告してもらいます。

・書き換えた閉じた質問と開いた質問（換える前と後を紹介する）。
・優先順位の高い三つの質問。

・それらを選んだ理由。

この報告の部分は、できるだけ単純にするのがよいでしょう。報告の仕方はいろいろと考えられます。一人が全部を報告したあとにほかのメンバーが付け加えたり、異なるメンバーが各項目の報告をしたり、といった具合です。

事例１　高校の社会科の授業で質問の優先順位を決める

第４章で見たように、ピート先生の質問の焦点である「**拷問は正当化できる**」は、生徒たちからたくさんの質問を引き出しました。また、各グループは閉じた質問を開いた質問へ、あるいはその反対にすることもしました。そして今、そのリストから優先順位の高い三つの質問を選ばなければなりません。

ピート先生は、選ばれた質問をあとで行う話し合いのテーマにすることは伝えませんでした。そのことは考えずに、生徒たちが何を選ぶのかを知りたかったのです。彼女は生徒たちに、もっとも重要だと思う質問を選ぶように伝えました。

「優先順位の高い三つの質問を選びなさい」というのは、とても簡単なように聞こえますが、もちろん省くことのできない重要なステップです。これによって、生徒たちはまだ価値評価されていないたくさんの質問のなかから、焦点を絞って、探究的な話し合いにつながり、戦略的に使える質問を選び出すことになります。この論理的なステップには、生徒たちがしっかりと考え、メンバーと協力して作業したうえでの複雑な意思決定能力を必要とします。

各グループが質問の優先順位を決める

グループが話し合っているところを見るのは、とても興味深いものです。第４章で紹介したジャスミン、カンディス、ティファニ、カルメンのグループは、拷問の定義、意味、限界などについて哲学者たちが認識論と見なすような質問リストをつくり出しました。質問づくりが彼女たちをこの活動に引き込み、拷問というものを、抽象的な概念や自分たちとは関係ないものとしてではなく、より身近なものとして彼女たちはとらえたのです。そして、どのようにして優先順位をつけたらいいのかという話になると、当然のことながら、それぞれが選んだ質問の根拠を述べ合うことになりました。

ジャスミンは、自らが選んだ「拷問はどう定義されるのか？」という質問について、「最初に、自分たちが何について話しているのかを明確にすべきでしょう。何を意味しているのかがはっきりしないと、判断できないわ」と、きっぱりと言いました。

四人の女子生徒は質問リストをずっと見続けていました。カンディスの質問「拷問はあなたを幸せにするか？」には、誰も触れたくなかったようです。リストの少し下のほうにあった質問を指して、「私は、ティファニの『何が拷問を正当化するのか？』がいいと思うの」とカンディスが発言しました。そう言われたティファニは少し笑顔を浮かべましたが、「今は少し違うように考えてるの。九番目の『拷問が使われるべきなのはどんな状況か？』のほうが優先順位が高いと思うの」と言いました。

彼女たちは、この質問のなかにある「べき」の意味について話し合いました。それは、拷問は正当化できるっていうことでしょうか？、ということです。彼女たちは話し合い、そして岐路に差しかかったところでカルメンが、「もし、それを優先順位の高い質問にするなら、私たちは拷問は正当化できるって合意したことになるの？　五番目にある『何が拷問を正当化するのか？』はどうするの？」と発言しました。

しばし途方に暮れてしまった彼女たちですが、カンディスの「ほかの質問を見てみない？」という発言で協議を再開しました。

ジャスミンは「一二番目の質問の『拷問は肉体的なものだけか？』も考えさせられちゃうね。やさしそうな質問を考えようとしても、全部難しい感じがする」と言いました。

カンディスはしっかりした口調で「六番目の『拷問されやすいのは誰か?』を見て、私たちはそれを『拷問を受けている多くは、若者と年寄りか?』に換えたのよね?」と言いました。まだ拷問という行為の定義などにこだわっているジャスミンに対して、カンディスは質問の優先順位を決めるために話を前に進めようとしたわけです。

カンディスの発言を聞いて、「もし若いときに拷問を受けたら、その影響は長く残るんじゃない。一三番目の質問である『拷問の長期的な影響は何か?』があるように」とティファニが言いました。この見解は、メンバー全員の賛同を得ました。全員が、「拷問を受けている多くは、若者と年寄りか?」の答えを知りたかったのです。

ピート先生が、「そろそろ時間なので優先順位づけを終わり、全体に報告できるようにしてください」と言ったとき、カルメンは「何が拷問を正当化するのか?」という質問に賛成をしてもらおうと必死になっていました。それゆえ、「私たちはこれについてもっと考える必要があると思う」と主張しました。拷問の定義をはっきりさせようという意向が薄らいだ代わりに、これが二番目の質問ということになったわけです。

どういうわけか、これを二番目の質問としてみんなが合意したら、ティファニが「拷問の長期的な影響は何か?」を再びもち出しながら、「最後の『誰が拷問で罰せられるべきか?』を三番目の質問にしましょうよ」と主張し、それにみんなが納得しました。

教室の片隅では、ジェラッド、タジェイ、ロランド、ダニエレの四人組も活発な話し合いをしていました。彼らは、質問づくりの段階では静かで、慎重で、七つの質問しかつくれませんでした。それに反して、この優先順位を決める段階ではにぎやかな話し合いを行っていたのです。

自らがつくった質問である「拷問は、どのように正当化できるか？」がいいと思う、と言ったダニエレの発言が口火を切りました。ロランドは、「だから僕は、次の『拷問を必要とするのはどんな状況か？』という質問を出したんだ。どのような特別な理由があるのかを知る必要があるから。そうすることで、正当化もできる。でも、その前にどんな状況かを説明する必要があるよ」と反論しました。

「そうなの。テロリストだったりすれば何かをするかもしれないので、聞き出す必要があるよ。それが拷問を正当化する理由になったりする」と言って、ダニエレが割り込みました。

「そうだよね」と、ジェラッドが同意しました。「でも、拷問が効果的だってどうして分かる？だから、『なぜ拷問は効果的と言えるのか？』を優先順位の高い質問に含めるべきだと思うんだ」

質問の焦点に含まれていた「できる」という言葉の役割と重要性について発せられたダニエレの質問には、誰も反応しませんでした。ダニエレもそれをもち出しませんでしたが、別の質問である「拷問は見せしめのためにやられるのか？」について言及しました。

「時には、ほかの人が悪いことをしないための見せしめとしてするんじゃない」とタジェイは考えていたので、「死刑制度は、まさにそのために行われているると言われているよね。でも、誰か人を殺そうとしている人が、『ちょっと待てよ、死刑になっちゃうから殺すのはやめよう』なんて言うと思う？　死刑制度が殺人を止めるとは思えないよ」と反応しました。

説得された形のダニエレは、最後の質問である「拷問を受けた人にどんな影響を残すのか？」を取り上げました。ロランドは拷問と正義の関係について問いかけた質問を避けて、拷問の効果に焦点を当てたグループの判断に従うことにしました。そして、こう言ったのです。

「人々はいつも処罰されている。だから、拷問も必要と思うのかな。見せしめになるように」

ジェラッドは、「なぜ、拷問は効果的と言えるのか？」の質問に戻って、次のように言いました。

「この質問を『拷問が効果的とどうして分かるのか』に換えたらどうだろう？」

記録係のタジェイは、もう時間が来たのか、それともルールを破っていると思ったのか、「ピート先生、ピート先生、今質問を換えちゃって、新しい質問を書き出してもいいんですか？」と尋ねました。

「もし、話し合いでそういう結果になり、それを優先順位の高い質問として使いたいんならＯＫです。あなたたちは今、もっとも大切な質問を三つ選んでいるんですから」と、ピート先生が答えました。

ジェラッドは少し満足そうでしたが、タジェイはイライラして、しぶしぶ質問を書き出しました。そしてダニエレが、「さて、何が残ったの。三つ選ばなくちゃ」と言いました。

ピート先生が「そろそろ切り上げるように」と言ったとき、グループのみんながリストを見ました。タジェイは先ほどの新しい質問を加えることに納得して、意外にも「先生がこの新しい質問を使えるって言ったので、これがほかのよりもいい気がする。もし、拷問が効果的かどうか分からなかったら、正当化なんてできるはずないし」と言いました。一方、ダニエレは、断固として「拷問は見せしめのためにやられるのか？」を含めるように主張しました。

グループのみんなは彼女の主張を受け入れましたが、三番目の質問として決めるのには躊躇していました。ピート先生から「もう終わりにするように」と繰り返し言われたとき、ジェラッドが「ロランドが出した拷問と正義の関係についての質問は、もっと考える必要があると思うんだ。それが一番大切な質問だとは言わないけど、もっと考える必要があるよ」と言いました。一つを選ぶのではなく、三つの質問を選ぶことが許容度を広げることになり、みんなは三つの質問に合意し、なんとか終わらせることができました。

各グループが報告し合う

すべてのグループが選んだ質問を報告したとき、右記の二つのグループは、ほかとはちょっと違った反応をしました。自分たちが考えもしなかった質問を聞いたとき、身体を動かしたり、音やサインを出したりして同意や感謝の気持ちを表していました。また、この二つのグループは、ほかのグループが選んだ質問の言い回しや切り口の違いにも驚いていました。とくに、以下のような質問に対しては驚きが大きかったです。

・どうして、獲得したい成果の代償が誰かの苦しみでいいのか？
・それが、正当性があるか否かを誰が決められるのか？

別の反応もありました。自分たちの質問と似たものを聞いたときの反応です。そんなとき、「それは自分たちのに似ている」と言いながら、生き生きと自分たちのメンバーで話し合っているのです。ちなみに、ダニエレは以下の質問に強く反応しました。

・拷問が使われているのはなぜ？

みんな、自分たちの質問と共鳴するものを聞くことが好きでした。たとえば、次のような質問です。

・正義は拷問と本当に関係があるのか？

反応が大きかったとき、ピート先生は最後のグループの報告までおとなしく聞くように注意をしています。生徒たちのなかには、自分たちが行ったことに満足してうなずいている子どももいますが、その一方で、教室に入ったときに想像していたよりもはるかにたくさんのことを考えたために、疲れきった様子を見せている生徒たちもいました。

確かに、たくさん考えてきました。まさに、急な学びの上り坂を上りつめたという感じです。生徒たちは、自らつくった質問を使って話し合い、評価し、そして優先順位をつけました。彼らはたくさんの質問をつくり出して、それらのなかでもっとも重要なものを選び出すという作業をしたのです。そして、優先順位をつける話し合いでは、議会の委員会や最高裁判所の審議で行われているのと同じようなやり取りが行われたのです。

生徒たちは、自分たちで討議事項を決めました。拷問の正当性、その効果、その人々への影響、もっとも拷問を受けそうなのは誰か、そしてそれはなぜか、といったことについて知りたかったのです。彼らは、何が正しくて、何が間違っているのかということに関連した質問をつくってきました。そして、もし本当にそうしたものがあるなら、拷問を正当化する理由を求めていました。

とても短い時間で、彼らはとても長い知的な旅をしたわけです。強くほとばしる「発散思考」でたくさんの質問をつくり出すところからはじまって、そのあとは「収束思考」を使って質問を分類しました。そして、困難な知的作業となる分析をし、優先順位をつけることもしました。その過程で、クラスメイトを説得しながら自分たちにとって重要な三つの質問を選んだのです。

事例2 中学校の理科の授業で質問の優先順位を決める

第4章で紹介したカリフォルニア州のパロアルトにある中学校の理科の授業で、デュプイ先生のクラスの生徒たちは、質問の焦点である「**プレート構造は地理とコミュニティに影響を及ぼしている**」で引き出された質問の優先順位を決める話し合いを展開しようとしています。でも、こちらのクラスでは、「もっとも優先順位が高い質問を一つだけ選び出すように」と、デュプイ先生が生徒たちに指示を出しました。

これは、「優先順位が高い質問を三つ選ぶ」という方法のバリエーションとして頻繁に使われている方法です。デュプイ先生はさらに次のように説明しました。

「これからグループごとに特定の場所を設定して、プレート構造が地理とコミュニティに対してどのように影響しているのかを調べるのですが、その調査に役立つような質問が必要となります。各グループが選んだ一つの質問をすべて黒板に書きますので、各グループは、つくり出した質問のなかから役立ちそうな質問を一つ選んでください」

デュプイ先生は、もっとも優先順位が高い一つの質問を選び出すのには、三つの質問を選ぶときよりも時間がかかると思って一〇分という時間を提供しました。

第4章で紹介したグループは、早速、自分たちがつくり出したリストについて話しはじめました。彼女たちは、それぞれの質問の価値を分析するのをとても計画的に行いました。同時に、すでにつくり出したリストをランクづけする過程でも質問を出し続けました。

「どれが容易に答えやすいかな？」とリアムが尋ねると、「そういう質問をプロジェクトで長い間考え続けるのは意味がないもんね」とステファニが反応しました。

記録係をしていたミシェルは、容易に答えられる質問は三〇秒で消してしまってよいという特権を与えられた途端やる気になり、嬉嬉として取り組みはじめました。でも、彼女が「断層の上に火山はなぜないのか？」という質問を消そうとしたとき、反対にあいました。ダニエルが「ちょっと待って。それって、簡単に答えられる質問じゃないよ。それは開かれた質問だよ」と言ったのです。

彼らはすでに、閉じた質問と開いた質問の区別を自分たちのものにしていました。ミシェルが「よし、ほかに消せるのをまず探そう」と言うまで、しばらくその問題について話し合うことになりました。

「地震で死ぬ人は、毎年、平均何人ぐらいいるか？」ということについては、誰も興味を示しませんでした。これから二～三週間で調べるのに適した、面白くて建設的な質問を選ぶのに彼らは焦点を合わせていたのです。質問の焦点を見直して、記録係が「影響を及ぼす」という単語の下に線を引きました。そのとき、男子の一人が「それについての質問があったよ。どこだっけな〜」と言いました。

みんな、ざっと目を通しました。

「これ見て！　一八番目の『プレートの大きさはその厚さに影響を与えるか？』と、ミシェルが言いました。それに対してスティーヴンが、「それは閉じた質問だよ。その質問から得るものは少ないね。それにあまり時間はかけたくないよ」という反応を示しました。そして彼らは、二四ある質問のなかにある二一番目と二二番目の質問を見ました。

・プレートは気温にどのような影響を及ぼしているか？

・プレートは降水量に影響を及ぼしているか？

「これらについて、私たちは話し合うべきじゃない？」と、ミシェルが主張しました。「でも、気温と降水量のどっちにする？」と、「平均して死ぬ人は、毎年、何人ぐらいかな」という質問をしたダニエルが尋ねました。

ミシェルは、自分たちがつい先ほどした話し合いを繰り返す形で、「そうね、私たちはしばらくの間、調べないといけないいんだから、開いた質問のほうがいいと思う」と言いました。この発言で、みんなは前者の「プレートは気温にどのような影響を及ぼしているか？」を選び、自慢気にしていました。もともとこの質問は、「プレートは気温に影響を及ぼしているか？」という閉じた質問だったのですが、それを開いた質問に変換したものだったからです。

優先順位をつける際の問題とその対処法

優先順位をつける際に起こるかもしれない問題に対して、教師たちがどのように対処してきたのかを紹介します。

生徒たちが合意を形成できない場合

常に三つの質問を選ばなければいけないのか？――いいえ、違います。生徒たちは優先順位の高い三つの質問を選ぼうとする過程でたくさんのことを学ぶでしょう。でも、「収束思考」を使って三つを選び出せないとき、あるいは二つしか選べないとき、さらには四つを選びたいときはどうしたらいいのでしょうか？

状況によります。とくに、次にどうしたいのか、ということによって変わってきます。いずれにしても、個数に関しては柔軟に対処するのがよいでしょう。一つしか選べなくても、一つ削ることができなくて四つを選んでもよいでしょう。大切なことは、生徒たちが「収束思考」を使ってたくさんある質問リストから不必要なものを取り除き、扱いやすい厳選されたリストにすることです。

さらに、次に計画している内容によっては、グループないしクラス全体で一つの質問に絞り込んだほうがよいかもしれません。その際は、最初は三つを選び、そのうえで一つに絞るようにすれば効果的です。

グループとして優先順位の高い質問を合意できない――確かに、合意を得ることは容易ではありませんから、そういう場合もあるでしょう。それには、いくつかの対処法があります。たとえば、まず各自ないしペアで選びます。それを残りのメンバーに紹介して合意形成を図るか、単に投票で決めるという選択肢もあります。

グループとして自分たちが選んだ質問の理由について合意ができない――各グループが話し合っているとき、教師は生徒たちのやり取りを観察し、必要に応じたサポートをします。もし、グループとして自分たちが選んだ質問の理由について合意ができないときは、理由が述べられるメンバーに、それらの質問を選んだ理由を言ってもらうようにします。

教師の役割

優先順位をつける際のサポート――モデルを示したり、提案したりする形でのサポートはしません。それをしてしまったら、選び出す質問の方向性を決めてしまうからです。常に、選択の基準を思い出させるような形でサポートします。

各グループが報告する際の進行――できるだけ短い時間で終わるようにします。結果を共有する目的は、同じ「質問の焦点」に多様な視点でアプローチできることをクラスメイトから学ぶことです。各グループで報告者を決めてもいいですし、協力して報告をしてもよいです。

また、教師が報告の仕方を指示してもよいでしょう。もちろん、ほかのグループの報告にしっかりと耳を傾けるように指導することも大切です。たとえば、「自分たちの質問と似たのを見つけてください」とか「自分たちの質問と違うのを見つけてください」と言うことで、生徒たちは耳を傾けるものです。

報告の際――報告は、このプロセスのなかで重要な位置を占めています。生徒たちのなかには、報告をすることで授業により主体的に参加しようという気持ちになる人たちがいます。発表された内容を同等に認めることが、個々の生徒とクラス全体の雰囲気をよくすることになります。選り好みをした反応を教師がしてしまうと、このような参加意識を萎えさせることになるでしょう。たいていの場合、単純な「ありがとう」という言葉がもっともふさわしいと思います。

優先順位をつける際に使えるほかのヒント

優先順位をつける話し合いに対してパワー全開で取り組みはじめると、生徒たちのなかには普段の行動様式に戻ってしまう子どもたちが出てきます。要するに、教師の権威によって問題を解決しようとして、「どう思うか」と教師に質問をしてしまうのです。それに対してつい答えたくなってしまいますが、罠にかからないようにしてください。教師の役割は、生徒たち自らが意思決定を行うプロセスを身につけられるようにサポートすることなのです。

表6－1は、教師がこの活動をしているときに、頭に入れておいたほうがよいことをまとめたものです。

まとめ

生徒たちは、質問づくりのとても困難な、しかし刺激的な段階を終了しました。自分たちがつくり出した質問のすべての価値と、それらの相対的な重要度について考えました。彼らは、自分たちが成し遂げたことや、質問の共通点や相違点、そしてほかのグループが考えたことを聞いてとても刺激を受けています。

表６－１　質問の優先順位をつける際のヒント

生徒たちは、	教師の役割
・最初は、教師が何を期待しているのかを探ろうとする。そして、順位づけのプロセスに教師を巻き込もうとすらする。	・生徒たちの話し合いややり取りに巻き込まれることを自制する。
・教師にどうやって選んだらいいのかを尋ねる。	・生徒の質問には、クラス全体に対して質問を選ぶ際の基準を繰り返すことで対応する。
・「これが、優先順位が高い質問ということですか？」や「選ばなければならない質問の例はどんなのですか？」などの質問を投げ掛けることで、教師が意見を言ったり、介入したり、明確にしてくれることを望む。	・生徒たちが話し合っている最中に、質問の良し悪しを評価することはしない。
・優先順位の高い質問のモデルを示してほしがる。	・例を示すことで、生徒たちにその方向で考えるようにさせてしまうから、やり方のモデルも、優先順位の高い質問の例も示さない。
・自分たちがうまくやれているかどうかの確認をしてほしがる。	・生徒たちの質問には評価を下す形で反応しない。
・考える質問の数が少なすぎる。	・事前に、この段階がやれるのに十分な数の質問があるかどうかを確かめる。優先順位を決めるには、最低でも５つか６つの質問は必要になる。
・３つの質問に合意することができない。	・最後の手段として、各自に３つずつ選ばせるか、１つずつ選ばせるところからはじめるように提案してみる。
・３つ以上の質問を選びたがる。	・３つ選ぶように励ます。しかし、なぜ４番目を手放すことができなかったのかを説明さえできれば、４つ選んでも大きな問題ではない。

彼らは「これらの質問をどう使うのか?」という次の段階に行きたくてウズウズしています。それが第7章で扱うテーマです。

本章の重要なポイント

・優先順位をつけるスキルは、学習する際に欠かせないスキルであるだけでなく、生涯にわたって使い続けるスキルである。
・教師が提供した基準をもとに、生徒たちは質問に優先順位をつける。
・生徒たちは、どれを自分たちの優先順位が高い質問に選ぶかという話し合いを通じて、相互に学び合う。
・教師は常に様子を観察するが、質問を選ぶためのモデルを示したり、指示したりすることは控える。
・生徒たちは優先順位をつけるスキルを強化するために、なぜそれらを選び出したのかという根拠を提供する必要がある。

第7章

質問を使って何をするか考える

「この授業で私が学んだもっとも価値あることは、より良く理解するために質問づくりを学んだことです」

これまでの章で、生徒たちと教師は知的な「卓球ゲーム」をしてきました。それは、教師が質問の焦点を考えるところからはじまりました。その後は、行ったり来たりが続きました。教師が生徒たちに質問づくりのルールについて考えるように言い、生徒たちは発散思考を使って質問をつくりました。次に、教師が閉じた質問と開いた質問を紹介し、生徒たちは自分たちの出した質問を使ってそれら二種類の質問について考え、質問をそれぞれ書き換えました。さらに教師が優先順位をつけるときのルールを提示し、生徒たちは質問に優先順位をつけるために収束思考に取り組みました。そして最後は、生徒たちが自分たちの選んだ質問とその理由を報告したのです。

そろそろ終わりです。生徒たちは十分に考えたり、話し合ったので、休憩をもらってもおかしくないでしょう。生徒たちは、質問づくりの初期段階から、良いものを選り分ける厳格なプロセスを経て、合意か投票を使って最終的に優先順位の高い質問を三つ選び出しました。それだけでも十分な成果と言えます。審議形式で進めたこの方法は、生徒たちが協力して学び合うというモデルになるだけでなく、十分な情報を得たうえで意思決定ができるようになるための準備段階とも言えます。

ここで終わることもできます。でも、優先順位の高い質問は、生徒たちの学びを改善し、加速化するためにも使えるので、ここで終わってしまうのはもったいないでしょう。今こそ、それらの質問を使って次のステップに進むときです。

質問を使いこなす多様な選択肢

質問づくりは、生徒たちの頭の中にある質問を見たり、聞いたり、考えたりする貴重な機会を教師に提供してくれます。と同時に、クラスメイトの頭の中にある質問を聞くまたとない機会を生徒たちに提供しています。一度口に出されて書き出されたら、それらの質問は多様な授業や学校のなかで建設的に活用することができます。質問づくりを使いこなしている教師や生徒たちのなかには、日々の授業の一部になっているクラスも少なくありません。

たとえば、質問づくりから授業をはじめることもできますし、授業の最後に質問を考え出すこともできます。あるいは、生徒たちは授業の前に教師の出す新しい課題やテーマについて、読んだり考えたりする際のガイド役となるような質問を考え出すこともできます。さらには、宿題やテストの準備をする際にも質問をつくることができます。

また教師は、ユニットの途中で形成的評価(1)として、生徒たちに質問をつくってもらうこともできます。これをすることで、生徒たちがどのような質問はつくれるのか、あるいはつくれないのかを見ることができるので、何は理解できており、何はまだ補う必要があるのかという貴重な情報を得ることができます。

表7－1　授業やユニットのタイミングに応じた質問づくりの使い道

授業やユニットの初めに使う

・前日の学習、これから取り組む学習、あるいは何のテーマでもクラスで話し合いをする際の質問を生徒たちが出す。
・生徒たちは、教師が本題に入る前に、新しいテーマについて読んだり考える際の糸口となるような質問を考え出す。
・生徒たちは、調査レポート、作文、実験、プロジェクトのテーマを決めるために質問を出す。
・教師が、生徒たちが出した質問を使って、すでにもっている知識を評価し、必要な情報や理解を割り出す。
・教師が、生徒たちが出した質問を使って、翌日の授業やユニットの計画を立てたり、修正する。
・生徒たちの質問を、話し合いやディベートをするときに柱として使う。
・ユニットが進む過程で生徒たちが見えるように、生徒たちの質問を貼り出す。

授業やユニットの中ほどで使う

・宿題を自分でつくり出すために質問を出す。
・ユニットの次の段階を準備するのに、生徒のつくった質問を役立てる。
・生徒たちが質問をつくってテストに備える。
・生徒たちがどのような質問がつくれるか、あるいはつくれないかを見ることで、何／誰は理解できており、何／誰はまだ学ぶ必要があるかという情報が提供される。
・生徒たちがユニットの最初に出した質問を使って、どれだけ生徒たちが学んできたかを示すことができる。
・仮想の裁判シーンで、裁判官役の生徒が弁護士たちにする質問を考えたり、弁護士役の生徒が敵対する弁護士や裁判官にする質問を考えたりするのに、あらかじめ出した質問を使える。
・生徒たちは職（アルバイト）探しに質問をつくって準備する。

授業やユニットの最後で使う

・授業の最後に、今日の授業を振り返っての質問や次回の授業に関する質問、あるいは生徒が気がかりなことなどの質問を出す。
・学期末のレポートや発表を準備する段階で質問を役立てる。
・学校外の専門家にインタビューする際の準備に役立てる。
・最終評価や生徒たちの学びの振り返りに質問を役立てる。
・生徒たちと教師が一緒に質問を考えて、次のユニットの新しい探究テーマを決める。
・生徒たちがユニットの開始段階で出した質問に言及しながら、答えられたのはどれか、そしてまだ答えられていないものはどれかをクラス全員で確認する。

生徒たちは自ら質問をつくったときに、より効果的に学び、より効率的に情報を記憶にとどめることができるので、質問づくりは多様な目的で使うことができる有用なツールとなります。学校では、質問づくりを新入生へのオリエンテーション・プログラムの一環としても使えますし、転入生が前の学校で経験していたのとは異なる校則や期待や基準などを理解する際にも使えます。

表7－1は、生徒たちがつくり出す質問が、すべての教科や学年で極めて多様に使えることの一部を紹介したものです。

質問を使ってプロジェクトを開始した授業の例

これまでの章で紹介してきた教師たちは、指導上の目標を達成し、生徒たちの学習成果を向上するために質問づくりを活用しようと決めていたので、生徒たちがつくり出した質問を、事前に計画したとおり使うことにしました。

（1）　指導が終わったあとに行われる成績をつけるための総括的評価に対して、指導と並行して、どの程度理解しているか把握するために行われる評価を形成的評価という。その結果、生徒の学び方や教師の教え方を改善することにつながる評価である。詳しくは『テストだけでは測れない！』（拙著、NHK生活人新書、二〇〇六年）を参照。

ピート先生の社会科の生徒たちは、フリア・アルバレス［Julia Alvarez, 1950～］の『蝶たちの時代』について討論する際のガイド役として、自分たちが選んだ質問を使いました。質問の焦点の「**拷問は正当化できる**」は、生徒たちに拷問の定義、使い方、影響などについての考えを深め、広げるのに役立ちました。自分たちの質問が討論を決定づけるので、とても主体的に取り組めました。その大きな理由は、教師が投げかける質問に答える形で討論が行われるのではなく、自分たちがつくり出した質問に基づいて討論が展開することが分かっていたからです。

オストバーグ先生の理科のクラスでは、「**公害がボストンの住民に害を及ぼす**」という質問の焦点に関連した実験を計画しました。生徒たちは、自分たちの質問を使って実験の優先順位だけでなく、情報収集や探究学習全般の優先順位を決めました。オストバーグ先生は、質問が生徒たちを実験に素早く、しかも深く取り組ませる大きな要因になっていた、と言っています。残念ながらそれは、先生のほかのクラスでは見かけられなかったことでした。

同じくデュプイ先生の理科のクラスも、「**プレート構造は、地理とコミュニティに影響を及ぼしている**」という質問の焦点に関連するプロジェクトに熱心に取り組みました。生徒たちは協力して取り組みたいもっとも優先順位の高い質問を一つ選び、実際にそれに答えるための探究プロジェクトを計画して実施しました。六週間後、彼らはパワーポイントとマルチメディアを駆使した発表を行いました。そしてどれも、教師が設定した高い評価規準を満たしていたのです。それらはあまりにもよい内容だったので、ある夜、保護者を対象にした発表会が開催されました。

これらの三人の教師は、質問づくりを自分たちの指導の目標を達成するために使いました。本章では、これら以外の三つの事例を紹介していきます。生徒たちは継続的に、ユニットのどの段階でも、もちろん最後でも質問づくりができます。

以下で紹介する三人の教師は、すでに生徒たちに質問づくりをさせることに自信のある人たちです。彼らの事例は、質問づくりが生徒たちの学びと（より伝統的な形で）教師が教えたいことの流れの両方にうまく沿うことを示しています。

①**数学者のように考える**——数学のクラスで生徒たちが継続的に質問をつくり出すことは、生徒たちの学びの領域を押し広げ、問題解決方法の価値をより深く理解するための下地をつくり出します。

②**生徒たちの質問が探究学習を推し進める**——教科を横断したプロジェクト学習に取り組む生徒たちは、自らの質問を探究することで、自分や教師の予想を超えた成果を上げてしまいます。

③**生徒自らの質問が「スイッチを入れる」**——難しい作文の課題をもらったとき、生徒自身の質問が、どうしたらいいかと思いついたり、当初は乗り越えられないと思っていた困難を克服したりするきっかけになります。

事例1　**数学者のように考える**

教師――コロラド州のイーグル・ロックにある私立高校のフリッキー先生
教科――数学　　クラスの人数・二五人
質問の焦点――異なる数学の問題
質問づくりを使う目的――数学者のように質問する

イーグル・ロック校で教えるフリッキー先生のクラスで学ぶ生徒たちは、自らつくった質問を使う意欲的な実験に参加しようとしていました。生徒たち全員が、全額支給される奨学金を受けている小さな全寮制の高校に入学したばかりです。彼らには、従来どおりの指導課程や教え方になじめず、通常の公立高校では卒業が困難であると判断されたという共通点がありました。

彼らは、フリッキー先生の数学のクラスでも、これまでと同じく教師からいくつかの練習問題が与えられ、それらを解答して提出し、次の問題をまたもらうという流れを想定していました。フリッキー先生は、この「生徒が解答して教師に戻す」という流れの「解答」の部分を「質問」に転換しようと考えたのです。

これは、生徒と教師の関係をほとんど一八〇度転換することを意味するので、決して簡単なことではありません。彼はこれまでの学校で数学のできが悪かった生徒たちに、「数学者のように考える」ことに挑戦してもらおうとしたのです。

フリッキー先生は、最初は比較的簡単な問題を解くことからはじめました。それは生徒たちのほとんどが解けるか、少なくとも解法を理解できるような問題です。生徒たちがしばらく問題を解いてから、答えてもいいという人に説明とともに答えてもらいました。ここまでは、従来のやり方と何ら変わりません。しかし、ここでフリッキー先生は、導き出した答えを使って問題をつくるように言ったのです。つまり、問題の答えを質問の焦点にしたわけです。

生徒たちが質問をつくり出すと、フリッキー先生が記録係になって黒板に書き出していきました。それから、生徒一人ひとりがそのなかから一つを選んで解きはじめました。彼らが解き終わると、答えを共有し合うといった流れで授業は進みました。

最初の週、このやり方をフリッキー先生はずっとやり続けました。そして、生徒たちと協力して、生徒たちがつくり出した質問をすべて図に描き出しました。描き出されたことで、彼らがほんの短い間にどれだけたくさんの質問をつくったかが一目瞭然となりました。最初の質問が地図の真ん中に描き出されています。矢印が外側に向かって描かれており、それが新しい質問であることを示しています。その下には答えも書かれています。

生徒たちはすぐにこの流れに慣れました。質問に答えて、その答えから質問をつくり、それに答えてクラス全体で共有し、それから答えを質問の焦点に設定して、さらに新しい質問を考えるという流れです。この流れが、数学の問題を解体して理解するのに役立つと同時に、異なる角度から深く掘り下げることもできました。

ある授業で生徒たちは、整数について深く考える「卵が割れた」という典型的な数学の文章問題に取り組んでいました。それは次のような問題です。

農夫の奥さんが卵を市場に持っていく途中、荷馬車が道にあった穴に落ちて傾き、すべての卵が割れてしまいました。そこで彼女は、保険の代理店に行ったところ何個の卵が割れたか聞かれました。「彼女は分かりません」と答えました。でも、卵をパッキングするときにいろいろやってみたことは覚えています。卵を二個、三個、四個、五個、六個ずつ入れようとすると、常に一個の卵が余りました。七個ずつ入れたときだけ残りがありませんでした。

このことから、卵はいくつあったのでしょうか？　正解は一つ以上ありますか？

生徒たちは、それぞれ異なるやり方で数字を割る方法について考えていました。一人が、「卵六個ずつでセットにできる（六で割り切れる）ということは？」と問いかけました。別の一人は、異なる個数でセットにすることで起こる複雑さについて考えていました。さらに別の生徒は、「七個の卵はどうなるのか？」を知りたがっていました。そんななか、一人の生徒がより大きな質問を考えていて、「整除ルールって何だっけ？」(2)と質問しました。この女子生徒は、数字が特定の数字で割れることは覚えていたのですが、そのルールを覚えていませんでした。

彼女は、クラスメイトのさまざまな質問によってルールを見つけ出す必要性を認識し、この文章問題はそのルールを見つけ出して、それを使いこなすことで容易に解けると確信したのです。

フリッキー先生は、こうした生徒たちがつくり出した質問を使って授業をするときもあれば、数学者が使っている数式についての伝統的な授業をするときもあります。彼は、上記の文章問題のような問題設定型の方法を活用する教え方を使ったり、数学者が問題を解こうとして問題の一部を変えてみたり、限定してみたり、緩めてみたりすることによって立証する努力をしていることを生徒たちに見せようとしたのです。

彼の授業は、生徒たちの理解を深めるとともに広げることになりました。彼らは柔軟な思考者となり、より良い問題解決者になっていったのです。その具体例の一つとして、生徒たちは「パターンを認識するために」情報を整理する際に表を使うというフリッキー先生の授業を活用して質問をしはじめたのです。

(2)　数字の割り切れる計算には一定のルール（法則）があるという divisibility rule のこと。

表は生徒たちに、先の卵が割れた問題のように、素数で終わる数字は解けて、それ以外は解けないというように推測させました。この推測は、とても有名な「中国の剰余定理」(3)と似ていました。生徒たちは、フリッキー先生が望んだように「数学者のように考えている」のです。

この「数学者のように考える」授業がはじまって五週間後、生徒たちは質問をすることによって力を獲得し、クラスは活気にあふれた状態になっていました。生徒たちは興味がある内容を選択しました。この興味と選択の組み合わせが、数学の授業への取り組みに対して生徒たちを飛躍的に向上させたのです(4)。ちなみに、この教え方は、個々の生徒たちのニーズにあった極めて効果的な指導の仕方の好例でもありました。

フリッキー先生は、その指導法について以下のように述べてくれました。

「自信のある生徒はより困難な質問をすることを選択し、自信のない生徒たちは同じ質問からスタートしても、より簡単な質問をすることを選択していました。でも、すべての質問とその解答がクラスの集合的な知識の形成に役立っていたのです」(5)

確かに、彼のクラスにはエネルギーが充満していました。フリッキー先生にとって、このような現象を見るのは初めてではありませんでした。何といっても、「これまでにもたまには、いくつかの方法を使って生徒たちが熱心に取り組む授業を行っていた」からです。でも、生徒たちが自分で質問をつくり出すのは、これまでのものとはまったく違いました。それまでは一回かぎりのイベント的なものだったのですが、質問づくりは生徒たちを常に元気にする教え方であり学び方だったのです。教師と生徒のあり方がすでに変化していた、と言えます。

フリッキー先生は自らのクラスのなかでの変化は意識していたのですが、同僚たちから、生徒たちがその熱心な取り組みをほかの授業でも実践していると聞いたときは、驚くと同時にうれしく思いました。数学の問題や授業で学んだことを、生徒たちが他の教科の校外学習や食事をしているときに話していると、同僚たちから教えられたのです。自分たちの質問をつくり出すことで生徒たちがこんなにもやる気になるのならと考えたフリッキー先生は、自らの教師としての役割

（3）（Chinese remainder theorem）中国の算術書『孫子算経』に由来する整数の剰余に関する定理。『孫子算経』には、「三で割ると二余り、五で割ると三余り、七で割ると二余る数は何か」という問題と、その解法が書かれている。中国の剰余定理は、この問題を他の整数についても適用できるように一般化したもの。

（4）クラス内の学習進度の違いに対応する教え方（Differentiated Instruction）を実践することは、教師にとって永遠の課題とも言われている。それを実現したのがこの方法だが、残念ながら日本にはまだ紹介されていない。

（5）集合的な知識とは、すでに存在する知識を与えられて覚えたり、すでに答えが分かっている問題の解決法を競争する形で解いたりする従来型の学び方・教え方と異なり、生徒たちが協力しながら、自分たちの知識をつくり出していく学び方・教え方のこと。教師の役割は、前者においては知識を伝達したり、正解を確認する人だが、後者においてはサポートすることが中心になる。

が変化したと言っています。

「私の仕事は、生徒たちに取り組ませて彼らのやる気を引き出すことから、生徒たちに自分のエネルギーを管理させたり、クラスのほかの生徒が言っていることに耳を傾けるために自分がしている問題をしばらく脇に置くように、と言ったりすることに変化しました。この変化は、私にとっては大きな魅力と言えるものです」

事例2　**生徒たちの質問が探究心を推進する**

教師――ボストン定時制高校のファス先生、ストーン先生、ジーン＝マリー先生の三人

教科――理科、数学、社会科の合科学習　クラスの人数・二〇人

質問の焦点――喫煙

質問づくりを使う目的――探究プロジェクト

理科と数学と社会科の先生が一緒に教室に入ってきました。生徒たちにジョークを聞かせるためではありません。喫煙が健康に及ぼす影響について、三人の教師が協力して教える内容を説明するためです。この三人の教師は、この授業を活気づけることと、よい方向に導くために質問づ

くりを使うことに決めていました。この三人は生徒たちに、多面的な探究プロジェクトと多様な成果物につながるテーマを決めるのに役立つ、優先順位の高い質問を選んでほしかったのです。彼らは、とてもシンプルな質問の焦点となる「**喫煙**」を使いました。

すぐに、生徒たちは質問を出しはじめました。ファス先生は、「生徒たちは、私がこれまでに見たこともないような量の質問をつくり出しました」と言いました。彼らは、互いに異なる方向に刺激し合いながら質問を出しました。

・なぜタバコは有害なの？
・タバコには何が含まれてるの？
・もし危険なら、なぜ売ってるの？
・タバコにはたくさんの化学物質が含まれているのはなぜ？
・タバコを発明したのは誰？
・あの警告表示は、タバコの箱になぜついているの？
・タバコをやめる方法にはどんなのがあるのか？
・店がタバコを売るのをやめるにはどうしたらいいのか？
・喫煙者が参加できるＮＡ(6)教室のようなものはないのか？
・いつかタバコがなくなる日は来ると思いますか？

・タバコはなぜ合法なの？
・タバコを吸わないようにするにはどんなことができるのかな？

生徒たちがたくさんの質問をつくり出したというファス先生のうれしい驚きは、質問づくりを使ったほかの先生たちの反応と同じです。彼女は、出された質問の量にとても満足していました。しかし、質問の質に関してはどのような感想をもっていたのでしょうか？

良し悪しがあった、というのが彼女の正直な印象でした。でも、それらを使って生徒たちに優先順位を決めさせました。優先順位をつけ終わったとき、生徒たちは「あの警告表示は、タバコの箱になぜついているの？」を探究プロジェクトのテーマとして選びました。

ファス先生は再び驚かされましたが、今回の驚きはあまりうれしいものではありませんでした。実のところ、それが優先順位のもっとも高い質問だと決まったときには苛立ちすら感じていたのです。「ほかの質問のほうが深く考えさせてくれるものがあった」だけに、生徒たちがそれを選んだ根拠が理解できなかったのです。

彼女にとっては、たとえば「タバコはなぜ合法なの？」のほうがはるかに興味深い質問に思えました。このような懸念があったわけですが、彼女とほかの先生たちは、生徒たち自らが選んだ質問で探究してみることが大切だ（少なくとも最初のうちは）と考えました。

彼女には、別の驚きもありました。それは、学びに対してこんなにも積極的に取り組む生徒たちの姿を見たことです。彼らはタバコに含まれている材料を見て、なぜそれらの科学薬品が添加されているのかについて調べたほか、ニコチン中毒になってしまうメカニズムややめるための方法についても調べました。

また彼らは、なぜタバコを吸いはじめたのか、吸い続けていたのか、どうしてやめようと思ったのか、そしてどうやってやめたのかなどを喫煙経験者にインタビューもしましたし、州議会議事堂で行われた「禁煙の日（Kick Butts Day）」のイベントにも参加して、自分たちと同じ高校生の禁煙運動家たちの話を聞きました。

ファス先生たちはタバコが健康に及ぼしている影響に焦点を当てて生徒たちに調べてほしかったのですが、結果的に、生徒たちはそれをやり遂げたうえ、さらにほかにもたくさんのことを成し遂げました。

彼らは、禁煙にまつわる何層にも重なった複雑な問題を明らかにしたのです。タバコの化学や中毒の科学、そして行動を変えることの難しさについて学んだ一方で、喫煙に関連した病気の個人と社会に対する影響についてのデータも彼らは調べました。さらに、喫煙に関する法律や公共

（6）「Narcotics Anonymous《ナルコティクス・アノニマス》」の略で、薬物によって大きな問題を抱えた仲間同士の非営利的な集まり。

政策についても調査しました。それらが、最終的にはこの問題に対する自分たちの立場を明らかにして、アクションまで起こさせたのです。

この授業が終わったとき、生徒たちは喫煙の影響に関してとても深くかつ広い理解をもち、自分たちの知識をいくつかの方法ではっきりと示すこともできました。たとえば、自分たちが把握したデータを使って、喫煙が社会に及ぼしている影響を理解してもらうための禁煙Tシャツやポスターをデザインしたのです。

生徒たちは熱心に取り組み、たくさんのことを学びました。言うまでもなくそれらは、彼らが自分たちでつくり出した質問からはじまったものです。ファス先生は、「一つの質問の焦点から生徒たちがこれだけのことを成し遂げた」ことに感銘を受けました。探究するテーマの選び方が変わったこと、これが何よりも大きかったと思っています。

今回の授業の方向性は教師が考えましたが、実際にそれを動かしたのは生徒たちでした。「もし私たちが、『警告表示に書かれていることの影響を調べなさい』という課題を与えていたら、生徒たちは単に教師の指示に反応するだけだったでしょう。代わりに彼らは、それを自分たちの問題として捉え、警告表示を注意して見ることで、どれだけのことが学べるのかを証明してみせてくれたのです。最後にはほかの国々の警告表示まで集めて、『なぜ、アメリカの警告表示はこんなにもインパクトが弱いのか?』と問いはじめました」

生徒たちは課題の最後に、フリッキー先生の数学のクラスと同じように、自分たちの答えを新しい質問と新しい探究テーマに転換してしまいました。でも彼らには、ほかにもしていたことがあったのです。

探究の最後の段階で彼らは、探究の出発となったタバコの箱に書いてある警告表示を見て、そこから学んだたくさんのことを踏まえつつ、代わりとなるもっと効果的な警告表示を考え出してしまったのです。(7)

・命取り!!
・吸うな。医者の命令！
・注意――自己責任で吸ってください。
・やっちゃだめ（ナイキのロゴ「Just Do It」の反対）
・タバコ持ってる？　ガン持ってる？
・喫煙＝死
・自殺行為は早い方法も、遅い方法(8)（喫煙）もある。
・命懸け

(7)「たばこ警告表示」で検索すると、各国の最新の警告表示を見ることができる。「たばこ魅力削ぐ」でも検索を。
(8) たとえば、ピストルや飛び込み自殺など。

生徒たち自らの質問に「スイッチが入る」

イーグル・ロック校の生徒たちも、ボストン定時制高校の生徒たちも、オープンでありながらも綿密な質問づくりのプロセスに、熱心かつ知的なエネルギーを注ぎ込む形で反応をしていました。相互に情報交換をしながら質問をつくり出して、それぞれ異なる探究心から学び合っていました。

グループやクラスで彼らが成し遂げたことは、ニュー・メディアの専門家のクレイ・シャーキー(9)が言うところの「認知的余剰」をつくり出していたと言えます。それは、個々の知識よりも、協力し合うことではるかに多くの知識をつくり出していたことを意味します。

でも、もし質問をたくさん（あるいは一つも）出せない生徒がいたらどうしたらいいのでしょうか？　生徒なら、誰でも自分の質問をつくり出すことができるのでしょうか？

理科の授業でオストバーグ先生は、「自分が教えたいと思った大切なことを生徒たちが理解できないとき、質問づくりによって生徒たちは自由な発想ができる」と言っています。そして、「質問をつくりはじめると、生徒たちにスイッチが入るみたいなんです」と付け加えてくれました。オストバーグ先生は、何かを発見したのかもしれません。

まず、生徒たちが自ら質問をつくり出せるように導き、肩肘を張らないで質問づくりに取り組めるようにすることが大切です。生徒たちは、これまでにそのような雰囲気を体験したことがありません。ですから、「質問をしてもいい」という許可を出すだけでは、たくさんの質問が出されることはまずないでしょう。

次に、質問をするということは、これまでとは違う形で（つまり、主体的に）考えることを要求することになります。すぐに結果は出ないかもしれませんが、しばらく続けて質問づくりをすることで、徐々に生徒たちの「質問づくりの筋肉」を鍛えることが可能となります。

その後、質問が出はじめたら、教師が予想もしていなかったような質問を聞いたり、異なる視点から問題を考えたりするといった光景を目にするはずです。オストバーグ先生が言っていたように、質問づくりをすることで「生徒たちにスイッチが入る」のです。そうした経験を、私たちは誰しもがもっています。特定の言い回しの質問をすることや尋ねることが、発見とともに新しい理解をもたらすのです。

質問は、口から発せられるほかの何物よりも大きなインパクトをもっています。質問が、新し

（9）（Clay Shirky）『Cognitive surplus : creativity and generosity in a connected age（認知的余剰——関係性が大切にされる時代の創造性と寛容）』（Penguin Press, 2010）の著者。

いアイディアをひらめかせる効果を生むのです。有名な思想家や科学者でさえ、どういう質問をするのがいいのか（つまり、自らの探究がどのような方向に展開したらいいのかを明らかにしてくれるアイディアをどうやってひらめかせるのか）ということに何日も費やしている事実に納得がいきます。

それでは、なぜ質問がアイディアをひらめかせることになるのでしょうか？　どうして質問をすることが、欠落している何かを示してくれるような形で脳の機能を解き放ったり、活性化したりするのでしょうか？　おそらく、近い将来、質問したときに脳のどの部分が活性化するのかが明らかになると思います。認知心理学者や神経科学者たちによる、質問をつくり出す際の脳の活動に関する研究のさらなる進展に期待をしています。

その研究成果が出されるまでの証拠として、授業で質問づくりを使った教師たちの本質的で、鮮明かつ素晴らしい活動を私たちは見てきました。その証拠のなかで短期的なものといえば、内容に関しての変化です。生徒たちは、授業で扱っている新しい内容をより深い理解のもとで学ぶようになりました。

そして、長期的かつ継続的な証拠としては、質問づくりをほかのことに活用できる能力を身につけたことと、生徒たち自身が、自らをどのように捉えるのかということに関する変化です。生徒たちは、それまでは自分がもっているとは思わなかったこと、つまり自分で考え、問題を解決するだけの能力があることに気付いたのです。

事例3　**スピーチの原稿を書くために、ボランティアの指導員が生徒の質問を引き出す**

指導員――ニュー・ハンプシャー州のシティ・イヤーのリリーさん（男性）
教科――国語　対象・ケヴィン（七年生）
質問づくりを使う目的――書くことに無関心な生徒にスピーチの原稿を書かせる

教育NPOの「シティ・イヤー（City Year）」は、中途退学者の防止に焦点を当てた活動を全米を対象にして展開しています。一七〜二四歳までの理想に燃えた若者たちが、落ちこぼれそうな生徒たちをサポートするために学校に配置されて、教師との協力体制のもと活動しています。ニュー・ハンプシャー州の小さな町で「シティ・イヤー」の指導員をしているリリーさんは、とくにやる気がなくて、学校が嫌いな七年生[10]をサポートするときに、質問づくりがとても効果的なことを発見しました。

---

(10)　日本では中学二年生に相当。

リリーさんが協力している教師は、生徒たちにとても素晴らしい課題を出しました。生徒たちに主体的に学んでほしかったこの教師は、各自が自分で読む記事を選び、それについて質問を出して、そして質問に答えるという形でスピーチを書く、という課題を出したのです。

この課題には、読むこと、書くこと、そしてコミュニケーションをとるといったことがふんだんに盛り込まれていました。しかしながら、この教師は質問づくりのことを知りませんでしたし、スピーチを書くなかで答えなければならない質問をつくり出すことをサポートしてくれるほかの方法も知りませんでした。

リリーさんが支援している生徒のケヴィンは、この課題が気に入りませんでした。彼は、どのようにはじめていいか分からなかったし、課題自体にも興味がもてなかったのです。もちろん彼は、質問を出すということがどういう意味をもっているかも気付いていません。これまでリリーさんが観察したところでは、ケヴィンは書くことが嫌いなようです。たとえ長い文章を書くことが求められても、これまで数行しか書きませんでした。

迫り来る締め切りに押されて、ケヴィンは何とかある記事を選びました。自分のコミュニティからイラクに行っている若者たちのことを知っていたので、そこでいったい何が起こっているかなら興味がもてるだろうと思ったのです。

彼は、イラクの民間人が一七人殺害された事件にかかわっていた民間の軍事会社である「ブラックウォーター」についての記事を見つけました。「この記事を読んでもいい」と、彼はリリーさんに言いましたが、「でも、二つの文章しか書けないよ」とも付け加えました。

彼とリリーさんは手詰まりの状態に陥ってしまいました。ケヴィンはほとんど書けないと言っているし、リリーさんは（まだ何も口にしていませんが）ケヴィンにもっと書かせようとしています。残念ながら、このような状況ではあまり期待がもてそうにありません。

そこでリリーさんは、質問づくりの一部を柔軟に使うことでこの手詰まり状態を打開して、建設的な方向にもっていこうと考えました。リリーさんはその場で、ケヴィンにスイッチが入って、自由に考え、たくさんの質問をつくることによって書けるようになると気付けるように、いくつかの質問の焦点を考えました。

リリーさんは、記事の見出しである「**兵士たちが理由もなく一四人のイラク人を殺害した、とFBIは言っている**」を質問の焦点にして、ケヴィンに質問をつくるように言いました。ケヴィンは、「兵士たちは、なぜそんなことをしたのかな？」と尋ねました。スピーチを書くには、一つの質問で十分だと思っていたのです。彼はそれを書き出し、これで終わったと思いました。

しかしリリーさんは、もっと質問をつくるように促しました。

ケヴィンはしばらく考えたあと、「ブラックウォーターって誰？」と尋ねました。「そうだね〜、私たちはその答えをすでに知っているね。今、彼らについての記事を読んだばかりから。そのなかで、彼らは軍事会社だって書いてあったね」とリリーさんは答えましたが、同時に、「**ブラックウォーターはイラクで仕事をしている軍事会社**」であるという事実を新しい質問の焦点にすることを思いつきました。

この事実を新しい質問の焦点に据えたことで、ケヴィンにスイッチが入りました。リリーさんはケヴィンに、この文章について質問できることを考えるように促しました。ケヴィンはしばらく考えてから、「なぜ、軍事会社がイラクにいるの？」と尋ねました。

これは、ケヴィンにとって重要な転換点となりました。彼は、これまでの発想の枠を突き破ったのです。まったく違う方向に展開する可能性のある質問を彼はしたのです。それまでは、ブラックウォーターに焦点を絞っていたのですが、多くの軍事会社がイラクで展開するアメリカ軍の一部として担っている役割について考えるようになったのです。

彼は続けざまにいくつかの追加質問をしましたが、結局、この質問をスピーチの焦点にすることに決めました。結果的にケヴィンは、自分自身も教師も驚くくらいに、これまでに書いたことがないほどたくさんのことを書きました。

この一対一のやり取りで、リリーさんはケヴィンの興味を引き、たくさんの質問をつくらせるために、速やかに新しい質問の焦点を設定し直しました。質問づくりをする際の四番目のルールを柔軟に応用して、質問の焦点を変更したことが見事に成功したわけです。つまり、ケヴィンが諦めようとするたびに新しい質問の焦点を投げかけて、刺激を与え続けたのです。「自分の質問をつくり出すというプロセスが、無関心な生徒にスピーチの原稿をしっかり書くという行為にまで変化させたのです」と、リリーさんは振り返っています。

この事実は、「もう終わったよ。これ以上、何も言うことも書くこともないよ」と言い張る子どもを抱えた教師なら誰でも理解できるように、とても大きな成果と言えます。

ケヴィンの教師はとても興味深い課題を出しました。生徒たちが主体的に取り組めるような仕組みも埋め込みました。しかしケヴィンは、それですらとても困難な課題と捉えたわけです。何とか読む記事を見つけ出して読んだとしても、自分の質問を考えて、それに答える形でスピーチを書くなど、とても自分にできるとは思っていなかったのです。

いつも無関心を装っているケヴィンは、「もうこれで終わり」とすぐに言っていました。リリーさんがケヴィンに質問をつくるという創造的な機会を提供したので、彼は実際に質問を出し、自らに潜んでいる可能性の鍵を開けて、スピーチの原稿を書いて発表することができたのです。指導員のリリーさんに感謝です。

まとめ

本章で紹介した生徒たちが自分のしたことの意義に気付き、自分が成し遂げたことや、それが将来どのような意味をもつのかということを確実に自分のものにするためには、ここで終わるわけにはいきません。生徒たちは、もう一歩進まなければなりません。彼らは、自分たちが学んだことや、質問づくりの大切さや、一回の課題においてだけでなく、今後継続して実践できるように説明できなければならないのです。

生徒たちは、必ずそれができます。彼らは、自分たちが学んだことを、思慮に富んだ、深い洞察力がある、そして独創的な方法で言葉にすることができます。振り返り、説明し、そして記録するチャンスを彼らに提供することはとても貴重で価値があると同時に、学んだことと新しく身につけたスキルが将来にわたって継続するチャンスともなります。

次章では、生徒たちが振り返るための簡単なプロセスを説明します。それをすることで、教師と生徒たちは自分たちが何を成し遂げたのかという証拠を手にすることができます。

本章の重要なポイント

・生徒の質問は、多様な目的に使うことができる。

・生徒の質問は、以下の三つのように多様な使われ方がある。

①グループないしクラス全体のプロジェクトで生徒たち自身によって。

②教師によって。

③生徒たちと教師が協力する形。

第8章

学んだことについて振り返る

「質問をすると、自分が何を勉強しようとしているのかを自らの視点で知ることができる。質問は、自分自身と学ぶ対象の両方に疑問を投げかけてくれる」

「自分で質問して自分でそれに答えることは、主体的に学んでいることを意味するので、自分で質問をすることはとても大切だと思う」

問題づくりのプロセスは終わりました……いや、まだちゃんと終わっていないかもしれません。

生徒たちは、自分たちで質問をつくり出しました。閉じた質問と開いた質問について学んで、自らつくった質問を書き換えることもしました。教師から提示された基準を使って、自らつくった質問の相互価値を比較し、評価して、最終的には優先順位の高い三つの質問を選びました。教師が計画した次のステップのプロジェクトや、さらに読み深めるためのガイド、レポートを書くこと、あるいは新しい学習テーマを導入するために、それらの質問を実際に活用する段階です。

しかし、その前に、生徒たちと教師にとって極めて重要な「気付き」を与えてくれる「振り返り」というもう一つの段階があります。ここで生徒たちは、これまでに行ったことを振り返るように言われます。その結果、彼らは学びを深め、今後前に向かって進む際や、自分たちが身につけたスキルを応用する場合の自信をつけることによって、それまで示せるとは思えなかった深い理解を教師に示すようになります。

学びを促進してメタ認知思考を高め、継続的な活用を確かなものにする

体験したプロセスを振り返るように言われた生徒たちは、当然、今自分たちがいるところから

その体験を再考することになります。彼らは、何が理解できたのか（あるいは、理解できなかったのか）について述べます。また、自分たちが学んだことや、それらが自分たちの考えや感情にどのように影響したのかを挙げていくことになります。加えて、体験をしているときにどのように感じたのか、また自分たちが学んだことを使って将来何ができるかについても話すチャンスがあります。この過程には、たくさんの高次の思考が伴うことになります。

この振り返りの段階を省いて、次の段階に行きたくなるものです。しかし、生徒たちが質問をつくり、改善し、優先順位を決めたあとに、学んだことを振り返ることはメタ認知思考のスキルを深めることになるので重要です。この段階は、今練習した質問づくりのスキルと思考力を繰り返し使えるようにするために不可欠なものなのです。もし、この段階を省いたら、質問づくりのプロセスはこれまで行われた数多くの活動と同じく、教師がその大切さを認めても、生徒たちにとっては教師にやらされているだけのものになってしまいます。

振り返りは生徒たちに、自分たちが学んできたことを自分の言葉で語るチャンスを提供します。それを行ったときに初めて、彼らは学んだスキルを自分のものにすることができ、自分が学んだことを異なる状況で使いこなせるだけの理解も深まるのです。

教師にとっても、振り返りをすることのプラス面は大きいです。第一に、教師が計画して生徒たちが実際に行ってきたことの価値を、彼ら自身の言葉で聞くチャンスが提供されます。あなたは、新しい方法を授業において導入したわけです。それが、生徒たちにどのような影響をもたらしたのかについて、是非聞くべきでしょう。

第二に、プロセスのどの部分が一番印象に残っているのかを、聞くか読むことになるでしょう。たとえばあなたは、閉じた質問と開いた質問の違いを学ぶという当たり前のことが、生徒たちにとっては新しくてとても重要なことであったというようなことを含めて、すぐにフィードバックを受け取ることになります。

また、扱った内容と自分が計画していたカリキュラムの目標に関して、生徒たちが何を学んだのかということを直接質問することもできます。振り返りは、あなたが教えたことと生徒たちが学んだことに関連する価値あるフィードバックをあなたに提供してくれるのです。

振り返りのプロセス

この段階の目標は、生徒たちが質問づくりにおいて行ったことについて考えさせることです。よってあなたは、生徒たちから何を学びたいのか、具体的にどんな活動をするのかを決める必要があります。短くても五分間は必要でしょう。振り返りは、次のような形で進めていきます。

①振り返りの活動を考える

・あなたが生徒たちから学びたいことは何か？
・あなたが生徒たちに考えてほしいことは何か？

②振り返りの活動をどのように進行するか決める

生徒たちに振り返ってもらうには多様な方法があります。これまでにあなたが使ったことのある振り返りの方法や共有の方法も効果的でしょう。

・個人レベルの振り返り――振り返りシートに各自が三分間記入する。そのあとで、グループないしクラス全体で共有する。
・グループレベルの振り返り――グループで振り返りのための質問について話し合い、記録をとり、クラス全体に報告する。報告は一人でも複数でも可。
・クラスレベルの振り返り――教師が振り返りのための質問を投げかけ、生徒に各自で考えてもらったうえでクラス全体で話し合う。

③振り返りの途中でサポートする

・グループで共有するときに、生徒たちが集中して取り組めるようにする。
・クラス全体で共有するときは、できるだけ多くの人が発言できるようにする。
・発言やコメントはすべて公平に認める。

④共有の仕方（教師へのフィードバックの仕方）を決める

共有の仕方は多様にあり、それぞれに長所と短所があります。自分の目的や確保できる時間に一番適したものを選んでください。

・グループで振り返りのための質問について話し合い、そのあとでクラス全体に発表する。
・教師がクラス全体の振り返りの話し合いを進行する。
・生徒たちが各自振り返りシートに記入し、提出する。
・生徒たちが振り返りシートに記入し、ペアか小グループかクラス全体でそれを共有し、提出する。

振り返りの活動を考える

最初に、振り返りの活動について考えます。あなたはまず、生徒たちから学びたいことは何かと、生徒たちが行ったことについて考えるためにどのようなサポートができるかを決めなければなりません。その際のプロセスは、①扱った内容、②それについての生徒たちの理解、③生徒たちが身につけたスキル、④人間としての成長に関する情報を、生徒たちが集める方法と捉えるとよいでしょう。活動の構成次第で、複数の視点を一度に得ることもできます。ここでは、教師が質問を投げかけ、生徒たちは教師の質問に答えるという、これまでの授業で行われてきたやり方に戻るわけです。

生徒たちが行ったことや学んだことを考えるためには、①自分たちが新しく知ったこと（知識）、②感じたこと（感情）、そして③できるようになったこと（行動）、について自らの言葉で語れるチャンスが必要です。以下で、具体的にどのような質問が使えるかを紹介します。

①知識レベルの変化を問う質問

次の質問は、質問づくりが生徒たちにもたらす知識の量と種類に関するものです。

あなたは何を学びましたか？――これは極めてオープンな質問で、生徒たちはプロセスのなかのどの段階でも問いかけることができますし、自分にとって、とくに意味のあったものが選べます。生徒のなかにはプロセスに焦点を当てる子どもがいるかもしれませんし、内容に焦点を当てる子ども、さらには生徒と教師の関係の変化に言及する子どももいることでしょう。たとえば、以下のような回答が得られるかもしれません。

「私は質問をする方法を学びました。また、自分のつくった質問を改善する方法も学びました」

「開いた質問は本質的な問いに向いていて、閉じた質問は白黒をはっきりさせる実験に向いていることを私は学びました」

自分で質問できるように学ぶことはなぜ大切なのですか？――この質問はより具体的で、質問の価値と、学習する際に質問をすることの価値を尋ねています。

「私たちに必要なスキルを身につけさせてくれます」

「私たちの脳を活性化してくれます」

「質問をすることを学ぶことは、必要な情報を得るのを早めてくれます。また、すぐに核心を突けるようにもしてくれます」

学んでいる内容について何を学びましたか？――押さえたい内容をどれだけ把握したのかを振り返ってもらうようにも質問できます。たとえば、「はじめに」に登場した歴史教師のガーグラン先生は、一八六三年にニューヨークで起こった人種暴動と一九九三年にロスアンジェルスで起こった人種暴動を、生徒たちに比較させました。そして、次の二つの質問をしたのです。

「質問をすることから何を学びましたか？」

「二つの人種暴動について学ぶのに、質問がどのように影響しましたか？」

以下に、この質問に対する二人の生徒の反応を紹介します。

「質問することはとても単純なことなのに、多様な学びにつなげてくれることを知りました。集中して二つの暴動について探究することで、暴動に巻き込まれている人たちには見えなかった視点を得ることもできました。これは、外部の評価者としての立場で見ることの利点だと思います」

「私は質問をすることで、テーマについてより深い理解が得られることを学びました。単にテーマについて手当たり次第に話しているのではなく、互いに答えられる質問に答えていたのです。テーマに深く入り込むことを助けてくれます。同時に、暴動について私がもっていた質問に、考えてもいなかった答えをもたらしてくれました。私たちは暴動を単に学んで比較しただけではありません。それぞれがどのように起きて、何が起こって、重要人物は誰で、なぜ起こったのかということについて学びました」

どのように学んだのですか？――この質問はプロセスに焦点を当てており、生徒たちにそれぞれの段階について考える機会を提供します。また、どれだけ互いに協力し合うことができたかということも考えさせます。

「質問を書き直しました」

「もっと情報が得られるようにするために、質問を書き換えました。問い詰められることなく質問を出せたのはとてもよかったです」

「みんなで協力して取り組めました」

「自分とは違ったほかの人の質問が聞けました。それが、新しい質問を考える助けになりました」

②感情レベルの影響について問う質問

以下の質問は、これまでの知識レベルの質問とはまったく違う領域に焦点を当てて、プロセスを体験したことに関する生徒たちの個人的な反応を引き出してくれます。


質問をする際はどんな感じがしましたか？——この質問を見て、生徒たちは驚くことがあります。ピート先生のクラスでは、生徒たちが戸惑っていました。

「どんなふうに感じたか覚えてないわ、先生」

ほかの生徒たちは、次のように言っていました。

「頭がよくなったと感じました」

「自分は質問づくりが得意なんじゃないか、と思いはじめました」

「ひょっとして、自分は頭がいいんじゃないかと思わせてくれました」

さらに、「小グループでの話し合いがよかった」、あるいは「何を考えるかについて先生から指《さし》図《ず》されないで、自分たちで考えられたことがよかった」と言う生徒もいました。

自分たちが行ったことのなかで、よかったことは何ですか？――この質問も、質問づくりの感情的な側面を照らし出してくれます。これは、生徒たちにとってよかったことは何かを明らかにし、それについて考えるチャンスを提供します。そして、質問づくりのプロセスを使っている間に感じたことについても考えるチャンスを提供します。以下のような反応がありました。

「特定のテーマに焦点を当てることができたのがよかったです。プロジェクトのアイディアを考えるのにとてもよい方法です。私の場合は、自分だけでは思いつかないような質問が浮かんだのがよかったです。それに、思いつく質問をたくさん出すことも楽しかったです」

「どんな質問も拒否されなかったのがよかったです。つまり、誰もがどんな質問でも出せるようにしてくれました。これは、とてもよいルールです」

③行動レベルの変化を問う質問

次に挙げる質問の目的は、質問づくりがどのように生徒たちの行動に影響を与えたかを明らかにすることです。自分で質問をつくれるようになったことで、今後どのような行動の変化が生まれるかを生徒たちに尋ねています。

質問できるようになったわけですが、それを今後どのように使いますか？——中学校で「歴史と自分たちに向き合う」[1]というカリキュラムを使っているクラスの生徒は、「自分の暮らしで使いますし、ほかの教科でも使います」と言っています。そして、ボストンで夏季講座に参加した生徒は、「意見や主張を質問に換えられることと、学校以外の生活でも使えることを学びました」と答えていました。また、ほかの生徒は、「質問をするスキルはこれからの人生でずっと使えるし、問題解決の手順について学びました」という反応をしています。

デュプイ先生が務める中学校の二人の生徒たちは、自分たちが学んだことをほかの課題や教科で応用できると考えました。

「この方法は、ほとんどのプロジェクトでブレーン・ストーミングをするときに使えます。とくに、大きなテーマを小さなより具体的なテーマに絞り込むのにいいと思います」

「書くときにこの方法が使えます。粗筋や登場人物について質問できますし、そこからストーリーを決めることができます」

以上は、「振り返りのための質問」として使える例です。生徒たちに、自分たちが学んだことは何かを言わせ、プロセスが終わった段階で彼らが学んだことや、質問づくりを使う前とどんなことが違うのかを教師が把握するためには、ほかにもたくさんの質問が考えられます。生徒たちが行ったことを自分のものにしてもらうために、とても大切なステップとなります。

振り返りの問題とその対処法

生徒たちが振り返りを行う際に、いくつかの問題が発生するかもしれません。以下に紹介するのは、それらに対処するための方法です。

振り返りの時間が確保できない——振り返りを宿題として出すとよいでしょう。そして、それを共有するのは別の日にすればいいのです。振り返りは、体験したスキルを自分のものにするためには欠かせないステップです。

何も学んでいないという生徒がいる——気にする必要はありません。質問づくりの体験にも多様

---

(1)　出版社ではない団体が、新しい歴史カリキュラムを開発して普及している「Facing History and Ourselves」という名称のカリキュラム。日本では、こういう民間NPOがカリキュラムや教科書をつくって普及するという試みが許されないのがとても残念である。これも、疑問・質問をもつことをよしとしない社会の表れの一つかもしれない。

な反応があるものです。(2) 生徒たちには、正直に反応させてあげてください。なかには、すぐにその価値に気付けなくても、あとで多様な場面で使い道があることに気付く生徒もいます。彼らの反応を認めてあげてください。そして、どんなステップで質問づくりをしたかを思い出すように促してください。

発言しない生徒がいる――共有することで、無口な生徒が自信をつかむきっかけになります。全体で共有する前に、個人のレベルで考える時間を提供することが効果的です。たとえば、振り返りのための質問に対する考えをまず各自が書いてから、そのあとにペアか小グループで共有するのです。順番に発表する役割を変えるように言ってもいいかもしれません。なお、発言は平等に認めるように注意してください。

他人の発表を聞かない――振り返りを全体で共有するステップでは、生徒たちが相互に学び合え、異なる視点から同じテーマにアプローチしたことに気付くことができます。すべての生徒が、その気付きを共有することが大切です。ほかのグループの発表を聞くときは、自分たちが話し合ったことと何が同じで、何が違っていたかをよく聞くように言います。実際、その共通点と相違点についてあとで発表させるとよいでしょう。

まとめ

生徒たちは、質問づくりのすべての段階を完了しました。初めてこの方法を紹介するときは、この段階まで来ると知的な意味において疲れきった状態になっているかもしれません。しかし、質問づくりを使うのに慣れると、生徒たちはどんどん早くなりますし、また楽にできるようになります。ひょっとしたら、はじめたときよりも終わったときのほうがエネルギーが満らあふれているようにさえ感じられます。

教師は、この質問づくりを一回だけするのではなく、最初から何回か繰り返しやると決断しておくことが大切です。クラスによっては一回目で流れにうまく乗れるところもありますが、たいていは数回を要するからです。教師にとっては、初めて質問づくりを使うときは、初めて授業をしたときと同じような緊張感を味わうかもしれません。でも、この方法は極めて単純なので、三回も行えば質問づくりのエキスパートになったと思うはずです。

（２）ほかの学べた生徒たちの反応を聞くことで、自分では気付けなかった学びがあったことを思い出す生徒もいるだろう。

第9章では、質問づくりを授業で使った先生たちがどのような印象をもったのかを紹介します。

本章の重要なポイント

・振り返りのステップは飛ばしてはいけない。
・振り返りには、五～八分の時間を確保する。
・振り返りの間は、教師は質問をする役に、生徒たちはそれに答える役になる。
・生徒たちは、個別に、あるいはグループやクラス全体で振り返る。
・発表を聞くときは平等に認める。

第9章

教師や指導者へのアドバイス

「教師が質問をするのと同じぐらいに、生徒自身による質問づくりが大切であることを学びました」

本章で紹介するのは、教室で質問づくりを行ったときに直面する落とし穴や課題、そして得られるものなどに関する教師たちへのアドバイスです。

一人の教師の声としてまとめましたが、実はたくさんの教師のアドバイスが反映されています。彼らは、質問づくりを使うことで得られた新しい専門的な知見を多様な形（生徒たちの作品、教材や教案、同僚たちとの話し合いの場、自分の学校で実施したワークショップなど）で提供してくれました。とても感謝しています。

宛名　教師や指導者のみなさんへ

件名　質問づくりを生徒たちに教えることによってもたらされた自分の教え方の変化について

すでにご存じのように、私は授業で生徒たちに質問づくりのスキルを身につけさせようと、とても単純なプロセスである質問づくりを使いはじめています。これを使うことで、私が学んだもっとも重要な点は次のとおりです。

- 一見難しそうでも容易にできる——生徒たちに、自分の質問がつくれるように教えられる。
- 簡単に見えることは実は単純じゃない——わずか数段階しかない手順を使って、スキルを生徒たちに教えることができる。

- 簡単ではないが、やればできる――自分の質問をつくるスキルを身につけることで、生徒たちはより自立した学び手になる。
- 仕事を楽にしてくれるし、私が期待した以上のものを生徒たちにもたらしてくれる。
- そして、終わったときは十分な価値がある――私の想像をはるかに超えて。

生徒たちが、自ら質問をつくるのが難しいことはすでに知られているとおりです。生徒たちがつくり出した質問や、その質問を使って私たちがしたこと、また生徒たちが質問づくりを気に入ったこと、そして、そこからいかにたくさんのことを学んだかなどについて生徒たちが自らの言葉で語った内容を、すでに目にされたことと思います。うれしいことに、「自分のクラスでも生徒たちが質問をつくり出している」と私に教えてくれた先生もいます。

質問づくりの概要を示した資料（五〇～五一ページの**表１－２**）は、質問づくりの全体像を示しています。それは、とても簡単に見えます。分厚い説明書もありませんし、新しい知識を学ぶ必要もありません。この資料のなかで、ただ一つの新しい言葉は「質問の焦点」だけかもしれません。それは、私たちが通常使っている発問と同じことなのですが、違う言葉をあえて使ったのは、従来のように教師の質問に答えさせるのではなく、生徒たちが質問をつくる役割を担っているということを明らかにしたかったからです。

質問づくりの概要はとても単純なので、疑問の余地がないと思うかもしれません。でも、違うのです。このたった一つの小さな変化が、大きな違いを生み出すのです。これまでのように、教師が質問を考えて生徒たちに問うことから、生徒たちが自らの質問をつくり出すことへの転換です。それが、もっとも重要なことなのです。

たった一つの大きな変化——生徒たちこそが質問をする

生徒たちに自分の質問を出させることがとても重要なのですが、それは普段行われていることではありません。

これまでに、行き詰って、問題に答えられない生徒をたくさん見てきました。そのため私は、彼らの行き詰った状態を解除するためにいつも質問をしてきました。質問することによって、その生徒たちが陥っている状況を把握し、彼らをよい方向に導くことができました。しかし、新しい課題や分野に入ると、たとえ同じことをするときでも生徒たちはまた私に依存してしまうのです。そして、私こそが、彼らが窮地から脱出できるために行う一番大切な作業（つまり、効果的な質問を考えること）を常に考えていたことに気付きました。

たとえ生徒たちを助けるためであっても、私は質問をしないように努力することにしました。それはとても難しいことでした。考えていたよりも、はるかに難しいことでした。

もし、利き手でペンを持って何かを書きはじめたら、書くこと自体については考えませんよね。もちろん、何を書いたらいいかと考えることはあるかもしれません（それ自体、とてもいいことです）が、どうして自分が書けているのかということについては考えません。ペンが、親指とほかの指の間で柔らかく握られているなどは考えないのです。もちろん、おかしいことではありません。気付くことなく自然に行われていることだからです。

ところが、利き手がしばらく使えなくなった途端に状況は変わります。たとえば、指を怪我したり、手首を捻挫したりして、突然、利き手でないほうの手で書かなければならないとしたらどうでしょう。そのときは、書くという行為自体について考えざるを得ません。利き手は怪我しているので痛みがあります。それだけでなく、利き手ではないほうの手で何かをしないといけないことも、別の意味での痛みであることに気付くでしょう。

たとえとしてはあまり分かりやすいものではなかったかもしれませんが、生徒たちにこれまでとは違った形で考えさせたかったので、自分が質問を使うことを差し控えようとしたとき、そのような痛み、あるいは戸惑いを私は感じていたのです。

生徒たちも、教師が抱えていた痛みと同じ痛みを感じていました。なぜなら、彼らもこれまで行ってきたこととまったく違うことをさせられようとしていたからです。この点については、断固とした態度をとる必要があります。そして、生徒たちには、自分で質問をつくり出すように後押ししたり、おだてたりする必要があります。何とか自分の質問をつくり出そうとしているわけですから、彼らの頭の中では、今までと違ったことが起こっているはずです。彼らは、これまでに使ったこともない「質問づくりの筋肉」を使おうとしているのです。しばらくの時間と練習の機会を提供さえすれば、その筋肉は必ず鍛えられます。

話し合いをリードするときや、年間のカリキュラムのための本質的な質問を考えはじめるときなど、教師である私はたくさんのことを考えなければなりませんでした。それができたのは、効果的で、包括的な質問を考え出すプロセスを行ったからです。そこで私は、この同じスキルを生徒たちが身につけられるようにするにはどうしたらよいのかと考えはじめました。

それは、質問について生徒たちに教えることではありません。そうではなく、質問づくりのプロセスを、たとえ本人たちがまだ用意できていなくても体験を通して学べるようにしてしまうことです。それができると、彼らはその筋肉が動かせるようになります。もし、彼らが質問づくりに取り組めれば、さまざまな分野でそれを応用することが可能となります。

これが、たった一つの大きな変化に伴う挑戦です。でも、これで全部ではありません。見た目以上に、質問づくりを行うことには挑戦すべきことがあります。

質問の焦点で変化がはじまる!

たとえば、質問の焦点の設定を見てください。効果的な質問の焦点を設定するにはどうしたらいいかを学ぶためには、準備が必要です。でも、これはすぐにできるようになります。効果的な質問の焦点をつくるにはコツがあります（もちろん、誰でもマスターできます）。すぐに、効果的な発問を考えるのと同じくできるようになりますので安心してください。考え出した質問の焦点が、初めはうまく機能しないかもしれませんが、試行錯誤するなかで何がよいかを徐々に学んでいくことでしょう。

例は紹介しない!

正直なところ、私の教え方にはささいな問題点もありました。課題を出すとき、はっきりとさせるためにたくさんの例を示すことが習慣になっていたのです。ですから、生徒たちはいつも私に例を示すようにと言ってきました。もし、私が一つ目の例を提示しないと、彼らは二つ目が出せないといった具合です。そこで生徒たちは、いつも大きな声で「例を言ってくれませんか?」（この質問ほど、生徒たちがもっとも頻繁に尋ねる質問はないかもしれません）と聞くのです。

私は、例を示さないように心掛けました。明快な質問づくりのルールが、生徒たちにさまざまな角度からたくさんの質問をつくることを可能にします。彼らは、私が見たこともないような発散思考に打ち込みます。でも、私が例を出してしまうと、その時点で終わってしまいます。そして、「ああ、それが、先生が求めていることね」と判断してしまいます。彼らにとって、これが「学校ゲーム」というものです。この点が、質問づくりを使いはじめるときに直面する課題の一つとなります。

初めて質問づくりを使った実践を行ったとき、私は例を提供していることに気が付きませんでした。質問の形だったのですが、私は間違いなく例を提供していたのです。グループ発表のときにそのことが分かりました。一人の生徒が興奮して、手を挙げてこういったのです。

「すべてのグループが同じ質問からはじめていたのに気付いた？」

私は小さな声で、「それは、みんなが助けを求めたときに私がその例を言ってしまい、それをみんなが聞いたからでしょう」と答えました。

このことが、教師が提供する例をどれだけ生徒たちが待っているかを示しています。そこで、質問づくりをするときには次の点を頭に入れておくことをおすすめします。

・生徒たちがなかなか質問を出せなくても、すぐに手を差し伸べない。
・絶対に質問の例は出さない。

・教師が何を求めているのかという例も示さない。

観察しながら各グループを見守る

それでは、生徒たちを手助けせず、例を示さず、生徒たちによい質問を示さないのなら（これらをすることこそが教師の役割だと思っていたことをすべてしてはいけないなら）、生徒たちがグループに分かれて作業をしている間、教師はいったい何をしていればいいのでしょうか？　電子メールをチェックすることではない、それだけは確かです。

生徒たちが話し合いをしている間は、各グループがうまく機能するように見守る必要があります。各グループを観察して、やるべきことに集中できるようにサポートすることです。そのために教師ができることは、問題を見つけたときは生徒たちの「近く」に居続けたり、このステップをするために指示したことをオウム返しに言ってあげたりすることです。そして、各グループが話し合いに集中できるように、各ステップの残り時間を知らせることも大切です。

時には脱線することもあります。ご存じのように、彼らはすぐにあらゆる方向に話を発展させてしまいます。それも、少しの間なら問題はないでしょう。それが、彼らの落ち着きのなさを自分たちで管理する方法でもありますから。

でも、主題から外れた話し合いがあまりにも長く続くようなら、「やるべきことに戻るように」

と言います。彼らに、クラス全体に対して報告しないといけないという説明責任の感覚を思い出させることも効果があるでしょう。私からの軽い投げかけによって、彼らはやるべきことに戻ってくれるはずです。

ルールを思い出させる！

私にとっての課題は、生徒たちが初めて質問づくりをしているときにもありました。先にも述べたように、質問づくりのルールは単純なのですが、質問を出す際に話し合わないこと、評価しないこと、主張は質問の形に直すこと、などといったルールはこれまでの習慣に反したものだったからです。そのため、生徒たちに繰り返し質問づくりのルールを思い出させなければなりませんでした。

ルールは、グループ活動を円滑に進めるために大いに役立ちます。生徒たちが質問を出せないときに教師がすべきことは、ルールを思い出させることです。それは難しいことではありませんが、教師は常にルールを守っていないグループを見つけてサポートするほか、グループの話し合いに巻き込まれないように注意する必要があります。

ですから、生徒たちにルールを守るように頻繁に注意する必要があります。このルールを守るというのは、実はとてもよいクラス運営の方法でもあります。それが質問づくりの目的ではありませんが、ルールは生徒たちを話し合いに集中させ、自らを自立させるのに役立ちます。

プロセスのなかに振り返りをしっかりと位置づける

質問づくりのプロセスを通じて、何回か生徒たちにさせるべきことがあります。それは、彼らが考えたことについて再考させ、話をさせるということです。間違いなく、生徒たちはそれをすることに慣れていません。でも、彼らはそれを楽しんでやるようになります。

質問づくりの効果を十分に得るためには、自分たちが何を学び、どのように学んだのかを生徒たち自身が考える必要があります。考えることによって、彼らに何が起こっているのが分かり、とてもうれしくなるはずです。

質問づくりのなかに組み込まれている振り返りの質問をしないかぎり、生徒たちが質問づくりをどれだけ自分のものにしているのか、また質問づくりを学ぶことについてどう思っているかが分からないでしょう。何よりも大事なのは、何を、そしてどのように学んだのかを自分の言葉で発言する機会が提供されることで、それによって生徒たちは自らが成し遂げたことに気付き、自分自身が成長したと実感するはずです。

このような感触を前に味わったのは、ユニットの終わりや学年の終わりに何を学んだのか、一番好きだったことは何かを生徒たちに質問したときでした。これまでに私は、ほかにも「知っていること、知りたいこと、学んだこと」[1]という方法などを使ったことがありますが、質問づくりの振り返りのときと同じ効果は得られませんでした。

振り返りの機会が提供されると、「発散思考」や「収束思考」や「メタ認知思考」について実際に体験して自分のものにしたことを、生徒たちは自らの言葉で間違いなく言えるようになるのです。そのことが、自分たちが達成したことが何だったのかを教師に感じさせてくれるのです。ですから、生徒たちのためだけでなく、教師自身が自分のしたことについてよい感触を得るためにも、是非振り返りの質問をしてください。

発言は評価せずに、平等に認める

最後に、もう一つの課題について触れておきます。それは、教師がとるべきスタイル（生徒たちとの接し方）に関係することです。これは、生徒たちにあまりなじみのない質問をつくらせることと関連しています。

私は、彼らの考えを引き出す形で授業をすることに慣れていました。とくに発言をしない生徒たちには、励まして、たくさんの肯定的なフィードバックをしてきました。でも、質問づくりをするときに重要となるポイントは、彼らがよい質問を出せたのかどうかについては一切心配することなく、自由に考えさせることです。そこでアドバイスです。生徒たちが質問を発表するときや振り返りのなかで発言したときは、教師の反応を中立的なものにすべきです。

ちょっと難しいことで、決して簡単ではありません。でも、「よい質問です」「素晴らしい質問です」「とてもいいです」といった反応は控えてください。たとえ、これまで発表したことのない生徒が本当に素晴らしい質問をしたとしても、そのような反応はしないでください。

なぜ、そんなときでも肯定的なフィードバックをしてはいけないのでしょうか？　その理由は、ほかの生徒たちが、先生は自分にも同じことを言ってくれるのだろうかと気にしてしまうからです。このような雰囲気をつくってしまうと、彼らに質問を出すことをストップさせてしまいます。

（1）　授業やユニットの最初に、そのテーマについてすでに「知っていること」や「知りたいこと」を出してもらい、終わった段階で、授業やユニットを通して「学んだこと」を出してもらう方法のこと。

今私は、生徒の発言すべてに対して、「ありがとう」という中立的な言葉を使っています。最初のうち、生徒たちは変な顔をして私を見ますが、今はそれをとても気に入っているようです。以前は、自分がしたことの是非について教師が言ってくれるのを待ったり、その結果、気分を悪くしたりしていたからです。

中立のままでいるということは、評価されることなく自分の考えを出すという、質問づくりの枠組みがつくり出している場の雰囲気を補強するためにも役立ちます。これは、すでに考えを発表している生徒たちだけでなく、すべての生徒にとってもよいことなのです。生徒たちが自分で考えて質問を出せるという環境は、とりわけできがいいとは言えない生徒たちにとっては中立的な反応が好ましいものとなります。

もちろん、すべての生徒の努力を認めてあげたいのは山々です。でも、意図していなくても、質問によって優劣をつけることは教師の好みを示すことになり、生徒たちに参加意識を控えさせてしまうのです。

私がこの最後の課題を挙げたのは、生徒たちが初めて発言するという行為はとても勇気のいることだ、ということを知っているからです。ですから当然、追加のサポートを提供したくなるところですが、質問づくりのプロセス自体が生徒たちに自らの考えを出していいという場を提供しているわけですから、教師によって認められたいという生徒たちの欲求をできるだけ減らすように努力しなければならないのです。

試してみてください！

ここで紹介した質問づくりを実践する際に直面するであろう問題点が、教師が質問づくりを実践することの妨げにならないことを祈っています。それらを克服する術《すべ》は、すぐに習慣として身についてしまいますから安心してください。

同じことは、生徒たちにも言えます。今、私が生徒たちに課題を出したり、何かを観察するように言ったり、ノートをとったりするように言うと、生徒たちは「質問をしてもいいですか？」とすぐに尋ねてきます。これは大きな変化です。

質問づくりはほかの分野にも好影響をもたらしはじめています。とくに、新しい分野に入る前に質問づくりをしたときは、生徒たちはレポートの課題を自分で考えられるようになっていますし、読む課題の理解も深まっています。

生徒たちに質問づくりを学ぶ機会を提供するということは、彼らが自立した学び手になるための強力なツールを提供することでもあります。質問づくりを実践するにあたっての課題は十分に認識しつつ、是非それを試してみることをおすすめします。そして、どのような変化があったかについて、是非教えてください（連絡先：pro.workshop@gmail.com）。

質問づくりについての私の文章を読んでいただき、とてもうれしく思っています。最後になりましたが、質問づくりを是非楽しんでください。

第10章

生徒もクラスも変化する
——自立した学び手たちのコミュニティ

「読んでいる本や文章を質問すること、推測すること、そして自分の視点で理解することについて、より多くの知識を得ることができました」

「自分の質問を出さないかぎりは学べません。自分が質問をしないかぎり、誰もその人が何を考え、何を知りたがっているのか分からないでしょう」

一七世紀のイギリスの国会議員、科学者、哲学者で、科学的な方法を発展させたフランシス・ベーコン[1]は、「多くを問う者は、多くを学び、多くを保持する」と言いました。数世紀後、本章の冒頭で引用した生徒の一人が同じような要旨の発言をしています。

「自分の質問を出さないかぎりは学べません」

授業で質問づくりを使うと深いレベルでの学びが起きるということが、たくさんの事例や生徒たちの発言で明らかになっています。しかしながら、たとえ質問づくりを体験しなくても、私たちのこれまでの経験からそれは十分に分かります。

もし、私たちが学んでいる教科や問題について質問をしたなら、私たちに向けられた情報はより受け入れやすくなり、より定着しやすくなります。それに対して、質問をしていないのに私たちに向けて発せられた情報は、私たちの注意を喚起することなくすぐ側を通り抜けていってしまいます。

生徒たちが特定の質問の焦点に出会ってから三〇分後、三日後、あるいは三週間後に出発点を振り返るとき、彼らは馴染みのあるところに戻ってきたと思うことでしょう。でも、彼らはまったく異なる視点でそれを見ることになります。『四つの四重奏』というタイトルの詩集のなかで、T・S・エリオットは次のような詩句でこの転換を言い表しています。

われらは探検を已めることなし、
すべてわれらの探検の終わりは
われらの出発の地に至ること、
しかもその地を初めて知るのだ。
（『四つの四重奏』岩崎宗治訳、岩波文庫、二〇一一年、一〇九ページ）[2]

つまり、生徒たちは探検に出掛けていき、自らの探究の流れに沿って進み、自らの質問を追い掛け、そして質問の答えを見つけるわけです。生徒たちは、自分が出発した地点に戻るのですが、その場所を出発したときには予想もしていなかったような形でさまざまなことを理解することになるのです。

（1）「知識は力なり（Ipsa scientia potestas est）」の名言で有名なフランシス・ベーコン（Francis Bacon, 1561～1626）は、イギリスの神学者、哲学者、法学者。一般的な日本語訳は「多くを問う者は多くを学ぶ」だが、ここでは原語に忠実に訳した。

（2）（Tomas Stearms Eliot, 1888～1965）イギリスの詩人、劇作家で文芸評論家。五部からなる長詩『荒地』（一九二二年）などがある。「T.S.Eliot, we shall not cease from exploration」でネット検索すると、上記とニュアンスの異なる訳が見つかる。興味のある方は是非チェックを。

生徒たちの変化

質問づくりを使うことで起きた変化は極めて顕著なものです。生徒たちは、この変化を大きく三つに分類しています。

①内容に関するより良い理解などの知識面。
②自信、主体性、より熱心な取り組みなどの態度面。
③生涯にわたって使える思考力を身につけたことなどの技能面。

①内容に関するより良い理解とより多くの学び

質問づくりをすることで得られるものとして、生徒たちはしばしば次のようなコメントをします。「たくさん考えられるようになった」そして、その結果「前よりも今のほうが多くを理解している」と。

質問することは、当初は情報を得るためには遠回りなことだと思われがちです（通常、情報は教師から提供されるか、自分自身で調べて得ています）が、新しいレベルの理解にとっては近道だということです。高校の数学教師は次のように言っていました。

「生徒たちが問題づくりからはじめて優先順位をつけるところまでやると、質問は自分たちのものという意識をもつので、学んだことがよりたくさん定着します。教師なら誰しも、生徒たちが学んだことをより多く身につけるようにサポートしたいと思っています。生徒たちは、自分たちがつくった質問を覚えていて、情報が提供されると、それこそが知りたかったことなんだと理解しやすいのです。彼らは、『そう、そう、これこそ自分が求めていたものだ』と言っています」


進級を保留されて、夏期講座に参加していたピート先生の生徒たちが、質問づくりを学ぶことについての感想を求められました。その結果が、**図10－1**に示してあります。二四パーセントが、「自分で質問できるようになるのは大切だから」質問づくりは価値があったと答えています。その倍の四八パーセントは、「質問づくりが、より良く理解するのと、より多くを学ぶ助けになっていた」と回答していました。そのほか、以下のような具体的なコメントを残しています。

「理解できるようになり、今学んだことのすべてが自分のものになる」

「質問づくりで扱っている題材が理解しやすくなった」

「読んでいたことや話し合っていたことが理解しやすくなった」

「たくさん質問することで、よりたくさんの考えが湧いてきた。それで学びが広がった」

図10－１　夏期講座に参加した９年生の講座終了時のアンケート調査結果――「質問づくりを学んだことで一番よかったことは何ですか？」

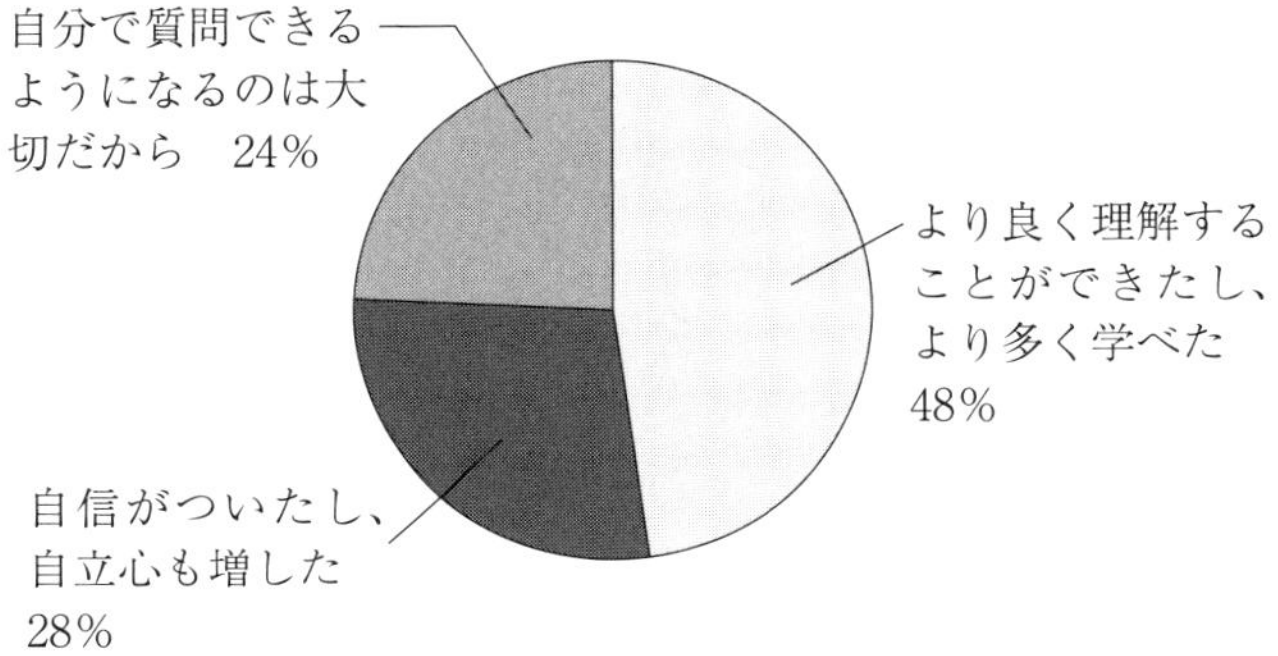

「質問をすると、自分の視点で勉強しないといけないと思うようになる。質問づくりは、学ぶ対象と自分の両方に問いかけてくる」

なかには、質問づくりがこれまで行われてきた学習活動にも役立つことを、次のようなコメントで話してくれた生徒もいました。

「自分の質問を出して、その答えが得られると、質問の内容も、その答えも記憶に残りやすくなります」

ガーグラン先生が行っている歴史のクラスは、自分で考えられるスキルを生徒たちに提供することを狙いにしていました。彼女は質問づくりを頻繁に使って、（ほかの学校では勉強があまりよくできなかった）生徒たちが難しい本や文章を読ん

図10－２　高校の歴史の授業の生徒たちを対象にしたアンケート調査――「質問づくりを学んだことで一番よかったことは何ですか？」

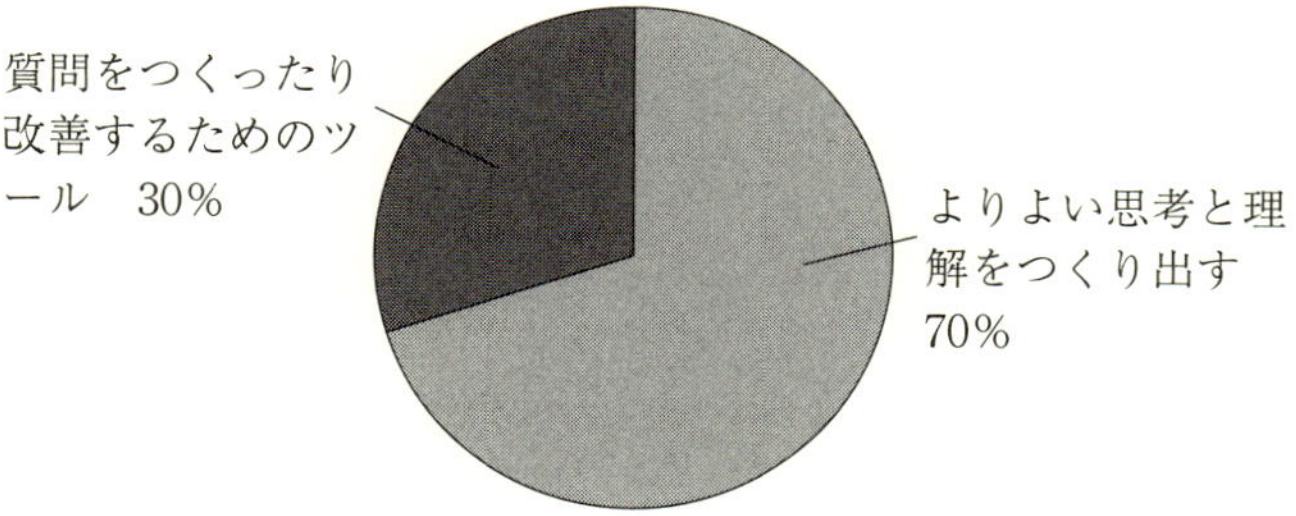

だり、大きなコンセプト[3]に取り組んだり、作文を書いたりすることをサポートしました。

(3)「コンセプト（概念）は、教える／学ぶ際にもっとも大切なことの一つですが、日本では知識中心になってしまっているのでほとんど知られていませんし、使われることもありません。概念の例としては、変化、相互依存、システム（制度）、原因と結果、パターン、イメージなどがあります。変化を例に取ると、この概念は国語（過去形・現在形・未来形、主人公や場面の変化）、社会科（時代の変化、産業の変化）、理科（水の三つの形態での変化、動物や植物の成長）、算数・数学（時間、数・量、加減乗除）、保健体育（運動、リズム、人の成長）、家庭科（調理、家族）、音楽などすべての教科で扱っているものです。子どもたちにとっては、各教科をバラバラな知識として教えられるよりも、概念で同じことがいろいろな教科でつながっていることを感じられる形で学んだほうがはるかに理解しやすくなるし、活用もしやすくなります」（『理解するってどういうこと？』エリン・キーン著、新曜社、二〇一四年、二八ページより）

「質問づくりを使う価値は何か」という問いに対して、七〇パーセントの生徒たちが「テーマを学び、理解し、考える助けになった」と答えていました［前ページの**図10－2**参照］。一人の生徒は以下のように書いていました。

「質問づくりを学ぶことが、テーマのより深い理解を得るのを助けてくれました。私たちはテーマについてやみくもに話していたわけじゃありません。自分たちが互いに答えられる質問について話し合っていました。質問づくりは、テーマに深く迫ることを可能にしてくれます」

②学びの主体性を獲得することで取り組みのレベルが向上する

「生徒たちは質問づくりをするのが大好きで、ブレーン・ストーミングならぬ『質問ストーミング』と名づけて、新しいユニットをはじめるときには必ずやりたがった」と、ある教師が報告しています。

東ブロックライン・コミュニティ高校のロススティン先生が教えている社会科の生徒たちは、最初は自分たちの質問を出すのに苦労しましたが、すぐにすべての課題に取り組むときに質問づくりのスキルを使いはじめました。ノーマン・ロックウェル(4)の「言論の自由」を描いた絵を鑑賞しながらメモをとるように指示されたとき、数人の生徒がすぐに「見たものについての質問を書き出してもいいですか?」と、教師の指示に追加を加えてもいいかと尋ねています。

生徒たちは、「自分が質問をすることは基本的に自分自身に挑戦することなので」、質問が自分たちの学びを促進してくれる大切な方法だと繰り返し言っています。ある生徒は、これについて次のように表現しました。

「自分がすでに知っていることを超えて学びたいなら、知性を伸ばすために質問をするのが効果的です」

この言葉に共感して、別の生徒が次のように言っています。

「質問をすることがどのように役立つかを話し合ったことが、私の視野を広げてくれました。そしてこれからも、自分で質問がつくれるので、自分自身で学び続けることができます」

質問づくりの筋肉は、一度身につけてしまえば、使えば使うほど強くなり続けます。これは、オリバー・ウェンデル・ホームズ(5)の名言の一つである「新しいアイディアによって一度引き伸ば

（4）（Norman Rockwell, 1894～1978）は、アメリカ合衆国の画家、イラストレーター。軽いタッチでアメリカ合衆国の市民生活を描き、アメリカ国内で幅広い人気を誇っている。「ノーマン・ロックウェル、言論の自由」でネット検索すると、この絵画が実際に見られる。ちなみに、「言論の自由」は彼の「四つの自由」の作品のうちの一つ。

（5）（Oliver Wendell Holmes Sr, 1809～1894）アメリカ合衆国の作家、医学者。

された知性は、元に戻ることは決してない」と似ています。質問づくりの筋肉を鍛えることが（とくに、あまりできのよくない）生徒たちに自信をつけさせ、質問づくりのルールがつくり出す場を活用して、新しい思考の流れをつくり出していきます。

ボストン定時制高校のハリス先生は次のように述べています。

「自分の質問が評価されたり、批判されたりしないことを知ると、自分はあまり頭がよくないと思っている生徒たちのほうがよい質問をします」

このことは、同僚のファス先生の言葉、「自分は頭がいいと思っている生徒たちは質問づくりに苦戦しますが、逆に自分はあまり頭がいいと思っていない生徒たちが素晴らしい質問をつくり出すのを見て驚いています」によって証明されています[6]。

すべての生徒がより多くの練習をすることで、うまくなります。ピート先生の夏期講座の生徒が、それについて次のように言っています。

「自分は、この質問づくりがうまくなってきています」

この生徒はそのことに気付いたとき、笑顔を浮かべていました。そして、「これは人から人へ感染します」とも言っていました。ほかの生徒たちも、自分たちの変化について以下のように述べています。

図10－３　中学校の生徒たちを対象にしたアンケート調査――「質問づくりを学んだことで一番よかったことは何ですか？」

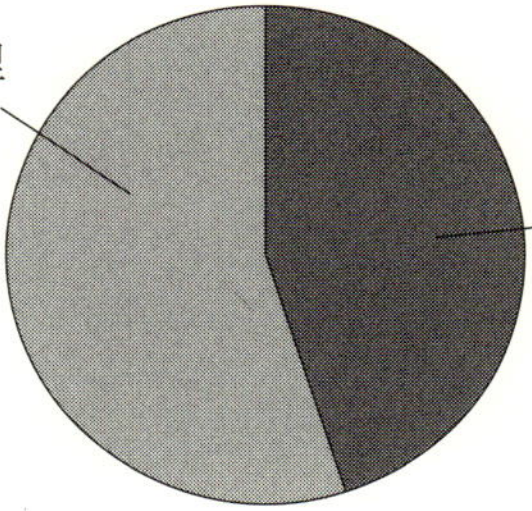

「とても早く、たくさんのよい質問が出せた」
「質問を言い換えたりすることができます」
「私の質問をする力は以前と大分違います。前は、全然質問をしませんでした」

そしてもちろん、ピート先生の夏期講座の生徒が言ったように、「質問をする方法を知ることは、頭がよくなったと思わせてくれます」。

③クラスの中でも外でも一生使える思考力

カリフォルニア州のパロアルトにあるスタンフォード中学校の生徒たちは、質問づくりの方法を学ぶこと

---

(6)　これは、学校で生徒たちが強要されている「正解当てっこゲーム」の悪影響が、できる子にも、できない子にも色濃く表れていることを示しているのか？　そして、問題はできる子の方が深刻ということなのか？

の価値について次のように指摘していました［前ページの**図10－3**参照］。彼らのほとんどは、自分たちが今勉強していることに役立つだけでなく、将来遭遇するであろうプロジェクトや課題にも役立つと思っていました。

一人の生徒が次のように言っています。

「自分で質問できるようになることは、プロジェクトのアイディアを考えるとてもいい方法です。自分では考えつくとは思っていなかったような質問を出すことができました」

彼女のクラスメイトが、この言葉に同意する意見を述べていました。

「どんなプロジェクトをするときにも、この方法は使えます。これは、大きなテーマを小さな、より具体的なものにするときにとても効果的なんです」

また、別の生徒が、国語の授業での応用を考えて次のように言っています。

「この方法は、自分で書くことを考えるときにも使えます。ちょっと違う形かもしれないけど、粗筋や登場人物について質問することができ、ストーリーを決めることができます」

生徒たちは、自分たちの質問をつくり出すことによる思いがけない効果を学校の外でも発見しはじめています。ボストンの高校生たちは、新しいスキルを使うことで「大人と話せるようになったこと」や「アルバイトを見つけるのに役立ったこと」について頻繁に報告しています。

学びのプロセスを自分たちでつくり出せるようになったことで、多くの生徒たちは、質問づくりのスキルの使い道の広さをいろいろ想像したようです。ある六年生は、「僕は、将来有名な理論を生み出すつもりなので、この質問づくりを自分がダーウィン二世になるために将来にわたって使い続けます」と言っていました。

クラスレベルの変化

生徒たちは、質問づくりを使うことで、自分たちのなかに起こっている変化を自覚しています。しかし彼らは、担任やほかの教師たちが学業や行動面での大きな変化に気付いていることを知らないかもしれません。質問づくりを使うことで、クラスレベルで表れてくる変化は次の三つに分類されます。

①ペアやグループ活動への積極的な参加。
②クラス運営の向上。
③落ちこぼれの恐れがある生徒を含めて、すべての生徒が熱心に取り組む。

①ペアやグループ活動への積極的な参加

質問づくりは、生徒たちが相互に学び合える、体系化されたオープンなプロセスを提供しています。生徒たちは行ったり来たりします。あるところでは質問をつくり出すことに集中し、別なところではそれらを優先順位をつけるために話し合うことができます。生徒たちの多くは、このプロセスについて以下のように指摘しています。

「グループで活動するのがとてもよかった」
「とてもいい話し合いができた」
「ほかの質問を聞くことで、たくさんのことを考えられた」
「たくさんの質問を知ることができたので、このプロセスが気に入りました」
「自分の考えだけじゃなくて、ほかの人たちの考えも知ることができた」
「私たちのグループはとてもいいテーマに行き着いて、それがさらにいい情報をたくさん提供してくれました」

一人の生徒が、質問づくりのプロセスの特定の側面について言及してくれました。それは、質問づくりのルールによって、何でも受け入れる懐の深さが確保されることです。
「どんな質問も書き留められるのがよかったです。『悪い質問』を気にする必要がありませんし、ちょっと修正すればいい質問になるものもありますから」

質問づくりのプロセスは、生徒たちが互いに助け合って、学びの坂を一挙に上っていくことに適しています。ある教師は生徒たちのコメントをより大きな現象の一部と捉えて、次のように言いました。

「グループ単位で質問づくりを学ぶことは、チームワークやコミュニケーション・スキルを身につけるのにも役立っていました」

②クラス運営の向上

質問づくりは、クラス運営を目的として開発されたものではありませんが、それが生徒たち自身の自己管理に役立っていることを教師たちは気付いています。多くの教師が、枠にはまった部分とオープンな部分、あるいは教師の指示が明確な部分と生徒たちが自由に話せる部分を行ったり来たりすることが、活気があり、自己規律のあるクラスづくりに役立っていると指摘しています。

質問づくりのルールがプロセス全体の初めに紹介され、そしてその後、生徒たちはそれを守ることがどれくらい難しいかを話し合うのですが、このあとこれが大きく役立ってきます。生徒たちは課題を出し合い、それが実際に起こったときには、この「話さない、評価しない、主張は言わない」というルールを思い出し、これらを守ることになるので、話し合いは生徒たちの興味を引きつけます。

ルールは、生徒たちの言動を規制するために、教師が押しつけた規則から生徒たちによって共有された規則に転換します。この進め方がいつも完璧に機能するわけではありませんが、クラス運営の成功に欠かせない二つの要素である、「①教師が生徒に対してもっている期待感」と「②生徒たちの『自分たちのもの』という意識」を間違いなく高めます。

質問づくりは、極めて具体的な成果物（質問のリスト、書き換えられた質問、優先順位がつけられた質問）がはっきりしている点と、そして自分たちの質問をクラス全体に向けて発表するという形で責任をもたせる点でとても優れたものとなっています。これらの具体的な成果物に時間制限が加わると、生徒たちは、何を、いつ、誰に対して発表するかを意識するようになります。言ってみれば、質問づくりは成果物をつくり出す責任を各グループの生徒たちに委ねているということです。

もちろん、それに抵抗する生徒もなかにはいるでしょう。彼らは、教師と生徒による従来どおりの質疑応答に慣れていて、自分は問われたときにしか答えなくていいと思い込んでいます。でも、ほとんどの生徒は、従来の教師との「正解当てっこゲーム」や、ほかの生徒を悩ませるようなやり取りから解放されたと感じます。

質問づくりの流れは、クラス全体への発表があることと、教師が常にやるべきことを思い出させてくれる存在であることとあいまって、従来のクラスでのやり取りから解放してくれるのです。すでにアメリカ各地で確認されていますが、もっとも反抗的な生徒でさえ質問づくりに引き込まれ、そして主体的に貢献するメンバーになっています。

③落ちこぼれの恐れがある生徒を含めて、すべての生徒が熱心に取り組める効果的な方法

質問づくりは、すべてのレベルの生徒に役立つ極めて珍しい特徴的な成果を提供してくれます。よくできる生徒たちにはさらに深く考えるように、あまりできない生徒たちには新しい考え方を引き出すために使えます。質問づくりには、以下のような特徴があると言えるでしょう。

・明確で、規律のある流れ。
・生徒たちの多様な学び方や話し方を受け入れる許容範囲の広いオープンな場。
・生徒たちはアイディアが出せるし、協力して作業もできるという生徒主体の場。
・生徒たちは高いレベルで考えられるはずだという、生徒たちへの期待感。

ピート先生の夏期講座のクラスでのことです。留年しそうになっていた生徒たちは、最初は質

図10－4　９年生の夏期講座終了時点での振り返り――「５週間の夏期講座のなかでもっとも価値のある学びは何でしたか？」

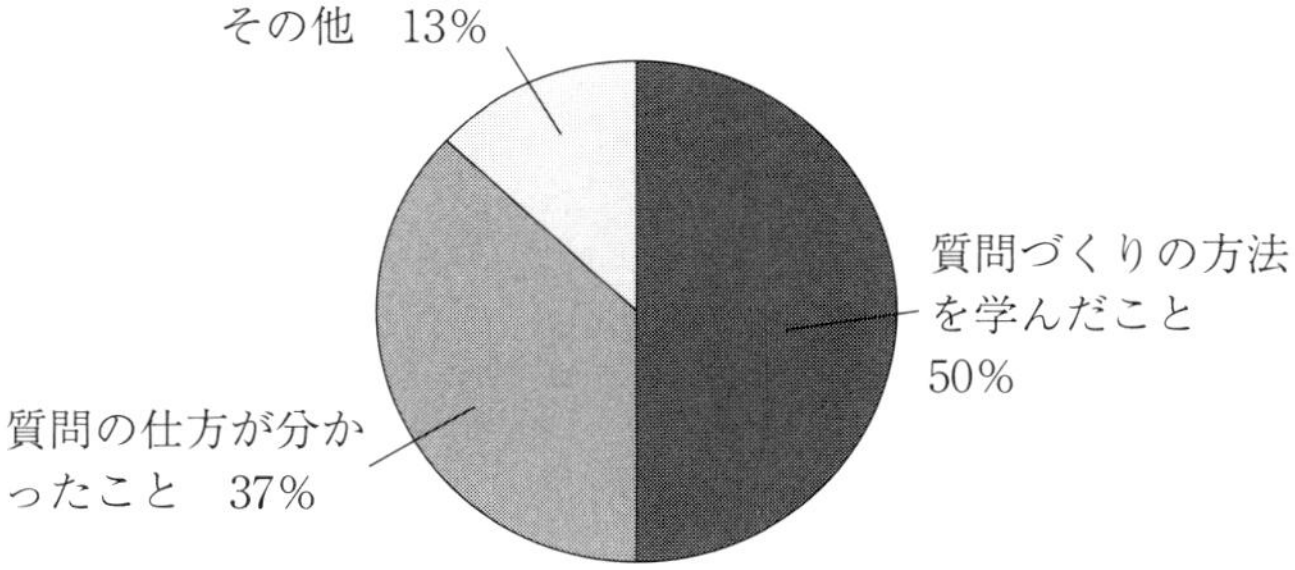

問づくりのプロセスに戸惑いました。生徒のなかには、グループ内の席に座っていられない者もいました。ほかのグループに行きたがるのです。それは質問をチェックするためではなく、そのグループにいるメンバーの注意を引くためです。また、生徒のなかには、つくり出すべき成果物をつくれない者もいました。そんなものをこれまで求められたことがなかったので、取り組むことができなかったのです。

そんな状態が、二回目の質問づくりを実施したときに変わってきました。すでにどうすればいいのか理解しており、一緒に考える機会を楽しんでさえいたので[7]す。ちなみに、「アッシャーとエミネムと50セントの誰が一番うまい？」といった、たまに交わされるおしゃべりで気をとられる以外は。

彼らは、クラスメイトや教師の助けをほとんど必要とすることなく、見事にやるべきことができたのです。

五週間の夏期講座が終わるときには、八七パーセントの生徒たちが、「補習授業で学んだなかでもっとも大切で機能的なスキルは質問づくりだ」と言っていました。そのなかの五〇パーセントは質問づくりの方法を学んだことを、残りの三七パーセントは質問の仕方が分かったこと、と答えていました。二四人の生徒のうち、質問づくりに触れなかったのはわずか三人だけでした［**図10－4**参照］。

東ブロックライン・コミュニティ高校のロスステイン先生のクラスには、他校から編入してきた、たくさんの課題を抱えた生徒たちや、留年をしているために年齢が上の生徒たちがいました。彼女は意図的に、二週間のユニットの真ん中に質問づくりを導入しようと計画しました。生徒たちが模擬法廷の準備をしているとき、第2章で紹介した「**ミランダ警告は、常に容疑者の権利を擁護する**」という質問の焦点を導入したのです。

生徒たちは、自分たちがつくり出した質問で活気づきました。テーマは、正義、公平、自己責任と社会的責任、公的機関の機能や役割、そしてもちろん人々の権利など多岐にわたりました。

（7）アッシャーの本名は、Asher Paul Roth（一九八五～）。エミネム（Eminem）の本名は、Marshall Bruce Mathers III（一九七二～）。50《フィフティー》セント（50 Cent）の本名は、Curtis James Jackson III（一九七五～）。三人は、若者に人気のラッパー／ヒップホップMC。

ロスステイン先生の質問づくりの使い方を、同僚たちはクラス運営の手段と見ている節があります。なぜなら、生徒たちがほかのことをしているときよりも、質問づくりをしているときのほうがはるかに熱中しているからです。

しかし、ロスステイン先生自身は、生徒たちが自分に考える力がどれだけあるのかを発見する最適なツールと位置づけています。これは、教育関係者がまだあまり聞いたことのない価値感かもしれません。彼女の実践によって東ブロックライン・コミュニティ高校は、「歴史的な内容について問いかける」ことをはっきりと評価し、彼女が担当している歴史の授業における教育目標の一つとして認めました。これは、生徒たちが質問することの価値が公式に認められたことを意味します。

ボストン定時制高校では、ミンチェンコ先生とジーン＝マリー先生の二人が、社会科のカリキュラムを自分たちの生徒にとって意味のあるようにするために、二つのことを一緒に実現する方法を見いだしました。

・「自分たちが下す選択」という単純な質問の焦点は、生徒たちが抱えている課題にとても関係が深い内容の短編の読み方に直接関連するだけでなく、自分たちが学校で学び続けるか否かという選択にも影響しています。

・生徒たちは書評や作文の書き方を学んだので、自らがつくり出した質問がそれを書くのを容易にします。

課題を抱えた生徒や、中退や留年の危険性の高い生徒を多く抱えた学校で教える教師たちは、質問づくりを使うことで、生徒たちにより効果的に自分で考え、行動する主体になるための能力とスキルを提供することができると言っています。質問づくりはまさに、落ちこぼれそうな生徒たちが多い学校の課題に対して、直接的に大きく貢献しているわけです。

ピート先生が質問づくりを使うことによって夏期講座の生徒たちが学んだことを振り返ってみたとき、まず何よりも驚いたのは、アフリカ系とヒスパニック系の男子生徒に対して、ほかの方法では成し遂げることができなかった「学習に取り組ませ」、「刺激を与えること」ができたということです。

もちろん、女子生徒たちに小グループでの話し合いでリーダー的な役割を担うチャンスを提供するということにも効果はあったのですが、ピート先生は男子生徒への影響の大きさに驚いています。それは、自分たちの学びに責任が与えられ、それを実現するための具体的な方法（つまり、質問づくり）が提供されたからです。

「質問づくりを使いこなせる自分の能力に対する自信、閉じた質問と開いた質問とは何かということについての深い理解、そして授業で（たとえ質問づくりをしていないときも含めて）たくさんの質問をする姿勢」から、その変化は明らかなものになっています。

ピート先生が受け持っていたクラスの女子生徒が、これらすべての変化を体現していました。最初の週、彼女は授業にまったく参加していませんでした。それが最後の週には、閉じた質問と開いた質問についてまだはっきりと理解していないクラスメイトに説明をしたり、自分たちの質問のリストを声に出して読んだりして、グループのリーダーになっていたのです。この女子生徒が、先に紹介したように「八ページ参照」、自分自身で質問をすることを学んで「頭がいいんじゃないかと思った」と言ったのです。

一方、普段は大人しくて何事にも消極的な生徒が、「夏期講座の一週目には、理由が分からない問題行動を連発していました」。それが、質問づくりを通して、自分の学びの責任を取りはじめたことで変化したのです。

「最後の週には、彼は集中していて、人の話もよく聞けて、質問をしたいときにはちゃんと手を挙げていました。質問づくりをしていないときですら、です」

こうした生徒たちの例を振り返ってピート先生は、「質問づくりは、人種的少数派(8)の男子生徒の学力差を埋めるのに大きく貢献するのではないか」と考えはじめています。また、「生徒たちは、質問づくりによって力を与えられることで大きく前進した」と彼女は思っています。

同じボストン定時制高校の数学教師であるハリス先生は、質問づくりを柔軟に活用する方法を発見しました。それは、「**二次方程式**」を質問の焦点として提示することです。それによって、クラスの生徒たちがつくり出した質問の質の高さに彼女は驚いたのですが、さらに生徒たちは、質問をつくり出したことによってそれについて学ぶ準備ができてしまったのです。

「通常の数学の授業では、生徒たちは常に教師からの指示を待っています。自分から考えるなどということは、それこそ考えてもいないんです」と、ハリス先生は言っています。

前に実践した代数プロジェクトで、ハリス先生は生徒たちがよい結果を出せるように努力しました。しかしながら、彼女が発見したのは次のようなことでした。

「人種的少数派の生徒たちの多くは、学校や学習に対して消極的な抵抗を示すということです。彼らの経験は理解できるつもりですが、今のままでは彼らのためによくありません。それに対して質問づくりは、彼らに学びのプロセスを自分たちのものにする方法を提供することができるのです。これは、画期的なことです」

同じくボストン定時制高校で七年間教えてきたムハマッド先生は、個別的かつ実践的なアプローチでキャリア教育に取り組んできました。生徒たちに質問をつくるように奨励しても、生徒た

（8）　一般的には、黒人や中南米からの移民を指している。

ちにとってはとても難しいことだったようです。それが質問づくりを使うようになってから、「生徒たちは質問づくりをより深く、より広く、しかも素早くできる」ようになったと彼は驚いています。

精神分析医を職業の選択肢として考えたペドロという生徒は、「それは安全な仕事か?」からはじまって「それは高収入の仕事か?」に至るまでの、一八個もの質問をつくり出したのです。さらに彼は、自分の質問のリストから優先順位の高い質問として三つ(七番目、一一番目、一七番目)を選びました。

・精神分析医になるための必要条件や難しさは何か?
・脳のどの部分が、人の行動と感情をコントロールしているのか?
・ヒスパニック系の男性の精神分析医に対して、一般の人はどのように見るか?

このプロセスの最後に、ムハマッド先生はペドロに質問づくりを学んだことがなぜ大切だったのかを尋ねました。ペドロの答えは次のようなものでした。

「たくさんの質問のなかから絞り込むことができ、そこから最大の情報が得られるので、自分の学びにとってとても大切でした」

さらにペドロは、質問を選び出したプロセスをどれだけ楽しんだかを強調したあとで、これからは「どんな課題が出されても、まずは質問を書き出すことからはじめます」と言っていたようです。

ペドロは、最初のステップでは拡散思考に取り組み、そのあとで（質問を絞り込む）収束思考をすることを知っています。そして彼には、自分が何を学んだか、どう学んだか、そして学んだことを今後はどう活かせるかを分析するメタ認知思考をする準備もできています。心理学者のアン・ブラウン［三七ページの注参照］が強調していたことをペドロは、「もし生徒たちが、自分たちが学んでいるスキルをどのように使いこなせるのか分かっていなければ、そのスキルを異なる状況で活用することは難しいのです」と簡潔に、しかもはっきりと述べていました。

ペドロの発言は、質問づくりが多くの生徒にとって魅力的であることをよく捉えています。つまり、質問づくりのプロセスは、圧倒されそうな大きなテーマをいくつかの具体的なステップに分けて行うことで、実際に実行できるようにさせるのです。それができることを生徒たちは自らと教師に証明し、さらに繰り返し活用可能なものにまでしているのです。

このような成果に、しばらく浸っていたい気がします。生徒たちは自分の見方が変わりますし、教師も当然その変化に気付きます。以上のように、生徒たちが優れた思考者になり、自主的で、やる気があり、自立した学習者になるということが質問づくりを使うことの直接的な成果と言えます。

おわりに
——質問と教育、質問と民主主義

「質問をすることによって、今までよりたくさん学べて、頭がよくなった気がします」

「今は、質問が大切なことを知っていますし、それができるようになりました。でも前は、質問をしたことがありませんでした」

たとえ実現する確実な方法がないことを知っていても、すべての生徒たちに主体的で、より良い学習者になってほしいと私たちは思っています。手首を軽く動かすだけで、教室の内外で生徒たちの学びを妨げているすべての課題を取り除けるような魔法の杖はありません。

魔法という解決法がない以上、学校のなかの問題を解決するために教師たちは、管理体制、意思決定のあり方、教員養成、教員評価、生徒たちの成績、テストの仕方、テストの結果などについての、終わりのない話し合いや頻繁な議論を続けることになります。これらのあまり生産的とは言えないやり取りのなかで、たとえイデオロギー的にどのような立場をとろうと私たちが忘れてはならないことは、みんなが次の成果を求めているということです。

「より多くを学び、学んだことを自分たちのものにし、学期のはじめよりもより多くのことを知っていることをはっきりと示せる生徒たち」

本書は、学校や教師や生徒たちが、その成果に向かってどのように取り組んでいるのかについて、いくつかの事例と実績を示してきました。これまでの章で紹介してきた生徒や教師たちが学んだ教訓から、私たちは次の三つの結論を導き出しました。

❶どの学校のどのクラスでも、すべての生徒に質問ができるように教えることで、教育を改善す

ることは今日からでもできる。
❷生徒たちに質問ができるように教える教師は、より高い満足とより良い結果が得られる。
❸自ら質問することをすべての生徒に教えることで、広い見識をもった市民と、市民中心で、力強く、より活気のある民主的な社会をつくり出すことができる。

簡単で、完璧な解決法がないなかで、学校が直面しているたくさんの複雑で困難な問題を改善するための、最善でかつ簡単なアプローチである質問づくりを試してみてはいかがでしょうか。質問づくりは、自分一人で考えることを超えてチャレンジする方法であると同時に、すべての生徒に均等なチャンスを提供するツールです。

すでに、毎晩宿題を手伝ってくれる親のいる生徒たちにとっても、宿題に何が書いてあるのか読めない移民の親たちをもった生徒たちにとっても、効果があることが証明されています。朝食をいっぱい食べて登校してきた生徒たちにとっても、一日に食べる食事のなかで一食だけは確実に学校で提供されている生徒たちにとっても、です。(1)

(1)　日本でも貧富の差が最近クローズアップされているが、アメリカのそれは比較にならない！

発見すること、積極的に取り組むこと、達成することを通して教育を改善する

もしかすると、質問づくりはテレビショッピングのようにできすぎた話だと思われるかもしれません。しかし、第10章までに「宣伝」してきたように、試す価値のあるアプローチです。その効果は、前章までに紹介してきた生徒たちや教師たちの事例によって明らかにされています。質問づくりを使うことで得た貴重な発見について、スタンフォード大学にほど近いパロアルトのある中学生は次のように語っていました。

「プロジェクトで使う質問が決まりそうになったとき、もう少し質問を出し続けたところ、突然、『これまでのよりもはるかによく、それこそ本当に考える価値がある質問を思いついた』のです」

ボストンの高校生は、これまでの授業とは比較にならないレベルで取り組めたことを、「自分で質問することで、答えを自分で考え、見つけ出したいと思うようになりました」と言っていました。さらに、夏期講座に出席した高校生は、「自分は前に理解していたよりも理解のレベルが上がっていると感じています。自分で質問をすると、クラスでしていることについて、よりたくさん学べるようになるからです」と書いていました。

すべての学校の生徒たち全員に、今ここで紹介した三人の生徒たちが述べたことと同じ機会が提供されるべきです。それによって、自分が発見し、積極的に取り組み、そしてよい成果をつくり出せたという達成感がもてるはずです。

私たちはもっと多くの生徒たちに、質問をすることによって、扱っているテーマの新しい関連に気付いたり、自分が出した質問への答えを見つけたいと思う探究心をもったり、自分が出した質問の結果、学んでいるテーマをより深く理解できたという満足感を得ることなどを通して、エネルギーがほとばしるような体験をしてほしいと思っています。

もし、今日から生徒たちに自分で質問することを学んでほしいと思うなら、まずは本書で紹介してきたような教師たちがもっと必要となります。それを可能にする方法は、教え方を難しくするのではなく、より容易にすることです。そうすれば、たくさんの教師たちが取り組んでくれることでしょう。

生徒の質問とより良い教え方

生徒たちに質問ができるように教えている教師たちは、その技《わざ》に磨きがかかっていることを報告しています。ボストン定時制高校のマコーニー＝ザパター校長先生は、自分の学校の教師たちが「必ず教えなければならないことに焦点を絞るようになり」、質問づくりを使いながら「考える習慣を生徒たちが身につけられるように教えるようになりました」と指摘しています。

ボストン定時制高校の教師たちも、たくさんの質問をする前と後の影響や、生徒たちが「質問でより深く、そしてより広い見識をもつ」こと、また、これまでとは比較にならないほど「より主体的に、自分のものという意識をもって取り組んでいる」ことをはっきりと認識しています。

そのなかの一人が次のように言っていました。

「質問づくりを使うことで、私をより良い教師にしてくれます。生徒たちは、本当に考えるという頭を使った重労働が、教師の仕事ではなく自分たちの仕事であることを学びます」

この最後の教師の発言は、質問づくりを使っている多くの教師によって裏付けられています。彼らは、生徒たちが学んでいることにより納得し、情報をより長くもち続け、不必要な情報は捨て去り、新しい意味を発見するとともに、見過ごした関連を見いだすことを発見しています。結果的に、生徒たちはより良く理解し、より良いプロジェクトを実施し、より完璧な実験を行い、より良い作文を書き、より複雑な数学の問題の答えを導き出します。これらは極めて重要なことで、しかもワクワクするような教育的な成果と言えます。

質問づくりを学ぶことは、設定された到達目標を生徒たちが達成する手助けにもなります。マイク・ローズ[2]が主張しているように、到達目標は生徒たちに対して正当性があり、合理的でもある「狙い」を示しています。ローズは、到達目標を設定する際には、ジョン・デューイ[3]が言っていた教科のカリキュラムと目の前にいる生徒たちの知性の発達とのバランスを常に考える必要があると注意を促しています。

教師が生徒たちのために設定する到達目標は、情報を丸暗記させることではありません。実際、生徒たちに対して明確で、高い期待を示す到達目標を設定する方法はたくさんあります。質問をつくる能力は、本書で紹介したように生徒たちに高い期待を設定し、その目標を達成するための助けになっています。

デボラ・マイヤー[4]は、「いい教え方は、生徒たちが質問の仕方を知っていて、本当に知りたがっている質問に私たちみんなで答えられるときにはじまります」（傍点は筆者）と主張しています。

（2）（Mike Rose）カリフォルニア大学ロサンジェルス校（ＵＣＬＡ）の教授。象牙の塔の中だけにいることをよしとせず、恵まれない小学生から大人までを対象に書くことを教えた体験がある。彼の本は、残念ながら日本語には訳されていない。

（3）（John Dewey, 1859～1952）今でもアメリカでもっとも有名な教育哲学者の一人。彼の影響は、とくに革新的な教育を志す教育関係者にとって絶大である。しかし、彼が書いたことや行ったことを日本の教育関係者はどれだけ理解しているのだろうか？　デューイが日本であまり受け入れられていない理由の一つは、彼の文章の難解さにあるようだ（したがって、その翻訳はさらに難解なものになっている）。

生徒たちは、実際に自分たちで質問をつくり出せることを証明していますから、マイヤーが描いている「よい教え方」は、質問づくりによって確実に強化されます。マイヤーが示唆しているように、もし「よい教え方」が生徒たちの頭の中で形成されつつある質問を教師が推測したり、引き出したりすることを意味するなら、「さらによい教え方」は、生徒たちが自分たちの質問が何かを明らかにするとき、教師に依存しないで自分たちでできるようにするものです。

もし、生徒たちがそれをするなら、つまり、もし彼らがどうやって質問がつくれるのかを学ぶのであれば、そのスキルを教えることはすべてのクラスで明確な目標として設定されなければなりません。到達度評価の仕方を広げ、そして改善するための先駆的な研究を行ってきた認知心理学者のロバート・スタンバーグ[5]が、最近、大学入試選考に使われる問題の測定法の分析に関連して、まさにそのことについて主張していました。

彼は、学校は生徒たちに質問をつくる方法を教えるべきだと考えています。なぜなら、「もし、私たち教師がいつも生徒たちに質問を提供して、答えだけを要求するなら、生徒たちに本当に価値のある質問をすることなく、すでに答えのある質問に答えることだけを私たちは教えているだけ」だからです。

必要性は明確で、目標が立派であっても、生徒たちに自分の質問ができるように教えるまでには、実践レベルでの小さくても著しい転換が求められます。最初にこの「たった一つの転換」をするとき、教師も生徒も大きな役割の転換を体験します。この転換はとても単純なものですが、あまりにも核心を突いているので、ピート先生に「生徒中心の学習とはどんなものか」について、まったく新しい観点で考えるように迫りました。生徒たちが質問をつくり、そしてそれらを使いこなすこと、さらに生徒たちが自分の学びに主体的に取り組むことによって、どれだけの学びが起こるかを見せられたからです。

自分の学びについてこれまでとは違う新しい責任の感覚を身につけた生徒たちは、民主的な社会のなかで、市民としての責任をもって行動する道も歩みはじめるのです。

（4）（Deborah Meier）「シカゴで幼稚園の教師としてキャリアをスタートさせ、以降40年にわたり、フィラデルフィア、ニューヨーク、ボストンの公立小学校や中等学校で教えた。今は、ニューヨーク大学の教授として学校改革に貢献している（詳しくは、『学校を変える力――イースト・ハーレムの小さな挑戦作者』デボラ・マイヤー著、北田佳子訳、岩波書店、二〇一一年を参照）。彼女が、これらの学校で実践した五つの「考える習慣（habits of mind）」は、まさに「質問する習慣」と置き換えられる。彼女が重視したのは、生徒たちが常に次の五つを問えるようになることだった。①証拠はあるのか？　それが価値ある情報だとどうして言えるのか？　②誰の視点から発信された情報か？　③似たようなパターンを見たことはないか？　それが招く結果は何か？　④他の視点／可能性はないか？　⑤誰にとって意味があるのか？　なぜ意味があるのか？（『読書がさらに楽しくなるブッククラブ』新評論、二〇一三年、八〇ページ）

（5）ロバート・スタンバーグについては、二九ページの注を参照。

質問することを学んだ生徒たちが、民主主義をより良く機能させる

教育と民主主義を結び付ける哲学的な分野は、一世紀以上もの間、脚光を浴び続けてきました。(6) 情報に通じた市民の必要性も、アメリカの歴史においては早い段階で認められました。哲学や理想は脇において、日々の実践レベルでの民主主義のための教育をどのように改善することができるでしょうか?(7)

それは、簡単な事柄ではありません。結局のところ民主主義とは、リスクを伴う、複雑な企てなのです。古代ギリシャでは、アテネの長老たちが民主的な権利は全人口のなかの比較的少ない男たちに制限されるべきだと考えました。選挙という、民主主義のほんの一つの側面を考えた場合でも、私たちは参政権を広げるよりも狭めるほうに努力をしてきたのかもしれません。

アメリカ合衆国ができたとき、土地をもった男性のみに参政権が与えられました。女性が一票を投じることができるようになるまで、一世紀半も待たなければならなかったのです。二〇世紀の後半まで、すべての州の機構がアフリカ系アメリカ市民に選挙権を与えないために利用され続けました。

より多くの声を反映し、参加を実現することは、確かに事柄を複雑にさせます。ウィンスト

ン・チャーチル[8]は「ほかに試されたすべてのものを除いて、民主主義は政府の最悪の形である」と言いました。それではなぜ、質問をするというとても大切な民主主義の練習をもっと多くの人たちがするように努力しなければならないのでしょうか？　その理由は、チャーチルが言っていた「ほかに試されたもの」が私たちにとってはごめんだからです。

君主制も独裁制も、質問することや主体的に考えることを誰にとっても困難にすることで長い期間にわたって存続しました。独裁制にとってはいいことで、民主主義にとっては悪いと考えられることには、何があるでしょうか？

私たちの民主的な社会においてさえ、市民が主体的に考え、自らの質問をする力を発達させているとはとても思えません。自分たちで考え、証拠を比較検討し、事実と神話を見分け、話し合い、討論し、分析し、そして優先順位を決めることができる市民の力を育てるための意図的な努力が必要です。

（6）日本の場合、戦後の数年間を除いて、まったく省みられたことのない分野と言えるかも知れない。

（7）こういう問いが発せられること自体が、日本の教育界にはあるのだろうか？

（8）（Winston Churchill, 1874～1965）イギリスの政治家、作家。第二次世界大戦の開戦とともに海軍大臣となり、さらに一九四〇年に首相となって、一九四五年に退任するまでイギリスの戦争を主導した。チャーチルの半ば独裁的な指導のもとにイギリスは戦争を戦い抜き、アメリカとソ連に並ぶ戦勝国の地位を得た。

過去二〇年間、たくさんの地域における私たち「正問研究所」の活動を通して、自分たちの生活に影響する意思決定にこれまでまったく参加したことのない人々が質問をしはじめたことで民主的に考える習慣を身につけ、それによってどれだけのことが成し遂げられたかを私たちは見てきました。

人々に自分で質問ができるようにあえて教える必要はないと、時折、高学歴の人たちから聞くことがあります。彼らが正問研究所の仕事について聞くと、肩をすくめて「もちろん、すべての人が質問づくりは知っているさ」と言うか、「人々に質問の仕方を意図的に教えることに時間を割くのは大切ではありません」と言って懐疑的な態度を示すかのいずれかです。

このような人たちの冷淡な反応は、すべての生徒たちにとっての教育を改善するための討論内容とも相容れるものではありません。それは、生徒たちに自分の質問ができるように教えるという教育改善のレーダースクリーン上には、小さなブリップ⑨としてさえ現れません。

高学歴の人々の多くは、質問する能力を軽視し過ぎているようです。それは、質問する自由をもっている社会に生まれた人々が、質問することは大切な民主主義の習慣であることを軽く見過ごしてしまっていることに似ているのかもしれません。しかし、質問することができるという重大な意義は、民主主義のなかった所で苦しんだ人々にとっては決して見落としてはいけないものなのです。

たとえば、ナチドイツからアメリカに逃れたユダヤ教の宗教指導者であり法学者のアブラハム・ヨシュア・ヘッシェル(10)は、一九六〇年、ホワイトハウスでの子どもと若者のための会議で、民主的な社会では、生徒たちが教師の質問に答える能力は少なめに、自分たちが質問できる力はもっと高く評価すべきであることと主張していました。また、教育者のパオロ・フレイレ(11)は、政権に異議申し立てをしたという理由でブラジルの独裁者に投獄されたという経験をしていますが、出獄してからは、残りの人生を世界中に対して、質問を活用することや質問すること自体が基本的で民主的な行動であることを説いて回りました。

この民主主義の大事なスキルを意図的に教える必要があることに、最近アメリカを訪問する人々が驚いています。一〇年ほど前、旧ソビエトの社会主義圏で新しく民主的になった国々の非政府団体のリーダーたちがアメリカを訪問し、私たちの正問研究所のような団体が必要であることを発見して驚いていました。彼らは信じられない思いで、「自分たちに質問する権利も、意思決定に参加する権利もあることを人々は知らないのですか?」と尋ねてきました。

---

(9) レーダースクリーン上で他の飛行機・潜水艦などの位置を示す輝点のこと。
(10) (Abraham Joshua Heschel, 1907～1972) ポーランドのワルシャワ生まれの、ユダヤ系の思想家、哲学者。
(11) (Paolo Freire, 1921～1997) おすすめしたい本は、『被抑圧者の教育学(新訳)』(三砂ちづる訳、亜紀書房、二〇一一年)。

アメリカの歴史や政治のなかで、自分たちに質問をする権利があることは多くの生徒たちが確かに学びます。しかし、それでは十分ではありません。私たちは、意図的に質問をする能力を身につけられるようにしなければならないのです。質問づくりを使うことで、大人たちがあまりできているとは言えない「協力する」ということも含めて、多様な民主的な習慣を生徒たちは身につけはじめます。

生徒たちが小グループで質問づくりに取り組んでいたとき、ボストン定時制高校のマコーニー＝ザパター校長は、こうしたほかの素晴らしい成果があることにも気付いたのです。

「合意を得ることはできますし、アイディアについて新しい考えを討論し、話し合い、ディベートし、そして貢献することもできます。結局のところ、これがより公正で民主的な社会をつくるための前提条件なのです」

オープンであるにもかかわらず綿密に構成されている質問づくりは、生徒たちに常に民主主義の習慣を練習させ、スキルを磨く機会を提供しています。生徒たちは、互いの質問に耳を傾け、相互に学び合い、話し合い、討論し、必要な異なる種類の情報について考え、そして自分たちが必要としている情報の順番を決定します。そして彼らは、協力して作業をし続け、投票でも合意形成でもいいのですが、最終的には優先順位の高い質問を選び出さなければなりません。

質問づくりを使うたびに、生徒たちは知性を使って真剣に練習をすると同時に、生徒たちは気付かないうちに、極めてミクロなレベルで生き生きとして民主主義のプロセスと行動に取り組んでもいるのです。政治的な行動について考えていたピート先生のクラスの生徒が次のように述べました。

「質問をすると、単に何がなされたのかだけでなく、何をなすべきだったのかや、何は可能だったのかということまで私たちに考えさせてくれます」

生徒たちがより頻繁に質問づくりを使うことは、より頻繁に民主的な物事の進め方を練習することになります。あなたのクラスで、あなたが質問づくりに取り組むことを選択したとき、それを生徒たちに体験させてあげることができるのです。そうすると、自分たちの知的な作業が学業のためだけでなく、とても大切な民主的な意味合いをもっていることにも気付くでしょう。

行動に向けて

もし、人々が民主主義に参加することを望むなら、私たちは民主的に考え、かつ行動する習慣を身につけるための投資をする必要があります。ペンシルベニア大学学長のエイミー・ガットマン(12)は、「民主主義は、それを可能にする教育にかかっています」と言っています。

私たちはみな、生徒たちに民主主義的な思考と行動を可能にする習慣を身につけてほしいと思っています。生徒たちは今、有権者の六〇パーセント程度しか実際に投票しない社会に住んでいます。一〇人のうち四人近くの人々が、激しい論争の的となる大統領選挙ですら自らの票を投じないのです。(13)

でも、驚く必要はありません。(14)しばしば、普通の人々や生徒たちは、民主主義に参加するために日常とは異なるほかの場所に行くことを期待しています。しかし、一方で人々は、日々の暮らしの場で民主的に行動する機会をみすみす逃しているのです。その人々にもっとも近い、日々の暮らしの場で、自分たちに影響を及ぼす意思決定に参加する方法を一人ひとりの市民が学ぶことの大切さに気付いてもらうために、私たちは「ミクロ民主主義」という新しい概念を考え出しました。

教師は、生徒たちと日々触れ合っているので、真の民主主義の築き手になれます。それは、単なる月並みな言い方としてではなく、民主主義の基本であると同時に、基礎的な思考のスキルでもある質問ができる方法を生徒たちに教えることを通してです。

教師と生徒たちは、クラスでその効果をすぐに発見することでしょう。そして生徒たちは、長い間、その恩恵を受け続けることになります。その結果、生徒たちはより主体的で、情報に通じた市民になり、この国や世界中で行われている（質問をする権利をすべての人々に保障する）民主的な体制を築き、維持するための取り組みに加わることになるので、私たちみんなが恩恵を受けることになるのです。

私たちは、あなた方を招待します。本書に登場した先生たちの仲間入りをすることと、生徒たちがみな自分の質問をすることを学ぶ機会を提供されたときに、どのようにして学びが向上し、指導が改善し、民主主義が強化されるのかという証拠集めの第二ラウンドに。

（12）（Amy Gutmann, 1949～）アメリカ合衆国の政治学者。

（13）日本の投票率は、残念ながらアメリカと同じぐらいか、低い場合のほうが多い。しかし、投票率で議論することこそが問題と言えるかもしれない。投票に値する候補者が有権者にどれだけ提供されているかや、投票に値する候補者をいったいどうやって確保したらいいのかのほうが、はるかに大きな問題のような気がする。

（14）たとえば、投票所や役所など。

訳者紹介

吉田新一郎（よしだ・しんいちろう）
質問へのこだわり歴は、『ワールド・スタディーズ』（国際理解教育センター翻訳・発行）に出会ってから30年となります。その前は、著者たちと同じ「まちづくり・コミュニティづくり」をしていましたから、とても似た経歴と言えます。それ以降は、政府開発援助→NGOによる海外協力→国際理解教育（環境、開発、人権、平和、異文化理解、未来教育）→組織・人材開発（教員／職員／社員研修）→子どもたちがワクワクする国語の授業（『作家の時間』と『読書家の時間』の紹介→子どもたちがワクワクする算数、社会科への応用などを行っています。
これらすべての共通項は、いずれも探究ないし問題解決のサイクルを回し続けることです。そしてその核は、言うまでもなく「質問づくり」です。

たった一つを変えるだけ
――クラスも教師も自立する「質問づくり」――

2015年9月15日　初版第1刷発行

訳者　吉田新一郎
発行者　武市一幸

発行所　株式会社　新評論

〒169-0051
東京都新宿区西早稲田3-16-28
http://www.shinhyoron.co.jp

電話　03(3202)7391
FAX　03(3202)5832
振替・00160-1-113487

落丁・乱丁はお取り替えします。
定価はカバーに表示してあります。

印刷　フォレスト
装丁　山田英春
製本　中永製本所

Printed in Japan
ISBN978-4-7948-1016-8